Dichos de Sabiduría 2
Meditaciones que transforman

Dichos de Sabiduría 2
Meditaciones que transforman

QUOTES OF WISDOM 2
TRANSFORMING MEDITATIONS

WILFREDO SANTOS

Número de Control de la Biblioteca del Congreso de EE. UU.:   2018913852
ISBN: Tapa Dura   978-1-5065-2749-9
               Tapa Blanda   978-1-5065-2751-2
               Libro Electrónico   978-1-5065-2750-5

Información de la imprenta disponible en la última página.

Fecha de revisión: 29/04/2018

Para realizar pedidos de este libro, contacte con:
Palibrio
1663 Liberty Drive, Suite 200
Bloomington, IN 47403
Gratis desde EE. UU. al 877.407.5847
Gratis desde México al 01.800.288.2243
Gratis desde España al 900.866.949
Desde otro país al +1.812.671.9757
Fax: 01.812.355.1576
ventas@palibrio.com
759107

ÍNDICE

DICHOS DE SABIDURÍA 2

MEDITACIONES QUE TRANSFORMAN

En mi primer libro "Dichos de sabiduría para predicadores y oradores" escribí trecientos dichos sencillos para inspirar, motivar y elevar al predicador u orador a complementar su bosquejo mensaje o presentación de una manera práctica y particular. En esta segunda parte, añado los textos bíblicos para que se puedan utilizar directamente en armonía y aplicación. Pueden ser utilizados como temas de mensajes o simplemente como parte del componente de ellos. Cada predicador debe utilizar su propia habilidad para ubicar estos dichos en medio de lo que se propone informar a la audiencia que se tiene en frente, sea como tema principal o solo parte del mismo. Aconsejo a predicadores a tomar palabras específicas, sea que las extraigan del texto mismo o de los dichos que han sido asignados al mismo buscando sus significados u etimología en diccionarios bíblicos de su predilección. Esto le abrirá un caudal de información y revelación para llegar al propósito para el cual Dios le ha dado dicho mensaje. Recuerde que el pulpito no debe ser uno de exhibición de palabras o conocimiento, sino uno de transformación espiritual en el pueblo o la audiencia a la cual has sido expuesto. Siempre busque que es lo que Dios quiere hablar y enseñar a la audiencia en vez de querer maniobrar los talentos y dones que le ha dado el Espíritu Santo. El único propósito de llevar el mensaje debe ser permitir oír la voz de Dios al pueblo de una manera comprensible directa y sencilla.

Efesios 4:11-12 Y él mismo constituyó a unos, apóstoles; a otros, profetas; a otros, evangelistas; a otros, pastores y maestros, a fin de perfeccionar a los santos para la obra del ministerio, para la edificación del cuerpo de Cristo,

Dichos de sabiduría PT 2 fue diseñado con el propósito de que el orador tenga una base, idea, o herramienta para desencadenar un mar de revelación y conocimiento bajo la guía del Espíritu Santo de Dios. Los dichos nunca han sido escritos con la intención de tomar el lugar de la escritura, solo son un derivado o producto de la misma. En esta segunda edición hemos añadido una meditación a cada dicho, para el beneficio del lector.

Nota: Las palabras en letra mayúscula, y letras en negritas solo han sido establecidas para realzar o darle énfasis a ciertas verdades que se intentan transmitir. (Entendiendo que la gramática en esos casos no es la ideal) pero si dándole prioridad al conocimiento que se quiere transferir por medio de ello.

Prepárese porque en este libro el Obispo Wilfredo Santos le llevará a verdades que transformarán su vida!

QUOTES OF WISDOM PT 2

TRANSFORMING MEDITATIONS

In my first book "Quotes of wisdom for preachers and speakers" I wrote three hundred simple quotes to inspire, motivate and elevate the preacher or speaker to complement his message or presentation in a practical and particular way. In this second part, I add the biblical scriptures so they can be used directly in harmony and application. They can be used as a message title, subject or simply as part of the component. I advise preachers to take specific words, whether they extract them from the text itself or from the quotes that have been assigned to it, and search for their meanings or etymology in Bible dictionaries of their predilection. This will open a door of information and revelation to reach the purpose for which God has given you that particular message. Remember that the pulpit should not be one for a display of words or knowledge, but one of spiritual transformation in the people or audience to which you have been exposed to. Always look in your heart for what God wants to talk about, and teach the audience instead of wanting to maneuver the talents and gifts given to you by the Holy Spirit. The sole purpose of carrying the message should be to allow God's voice to be heard in a comprehensible and simple way.

Ephesians 4:11-12 And he gave some, apostles; and some, prophets; and some, evangelists; and some, pastors and teachers; For the perfecting of the saints, for the work of the ministry, for the edifying of the body of Christ:

Quotes of wisdom PT 2 was designed with the purpose that the speaker has a foundation, idea, or tool to unleash a sea of revelation and knowledge under the guidance of the Holy Spirit of God. The quotes have never been written with the intention of taking or replace the word of God, they are only a derivative or product of it. In this second edition, we have added meditations to each quote for the benefit of the reader.

Note: Words in capital letters and bold letters have only been established to enhance or emphasize certain truths that are intended to be transmitted.

(Understanding that the grammar in those cases is not ideal).

Get ready! Because in this book Bishop Wilfredo Santos will lead you to truths that will transform your life!

1

TU COMPORTAMIENTO REVELA LA CONDICIÓN DE TU CORAZÓN.

Mateo 7:20 Así que, por sus frutos los conoceréis.

Tu comportamiento manifiesta lo que está dentro de ti. En orden para lograr cambios externos, primero tendrás que cambiarlos en lo interior. En otras palabras, para poder cambiar el fruto primero tienes que cambiar la semilla. La semilla es la palabra de Dios (Lucas 8:11) léela, créela, medítala y háblala. El secreto está en pasar tiempo en la palabra de Dios. Recuerda; tu comportamiento no es la principal manera de influir sobre los demás, es **la única manera!**

1

YOUR BEHAVIOR REVEALS THE CONDITION OF YOUR HEART.

Matthew 7:20 So, by their fruits you will know them.

Your behavior manifests what is inside of you. In order to achieve external changes, you will first have to change them internally. In other words, in order to change the fruit, you have to change the seed first. The seed is the word of God (Luke 8:11). Read it, declare it, meditate it and talk it out. The secret is in spending time in the word of God. Remember; your behavior is not an important way to influence others, it is the only way!

2

CUANDO EL ATAQUE LLEGA, TE ESTÁ ANUNCIANDO QUE ERES EL PRÓXIMO EN LÍNEA A SER PROMOVIDO.

Mateo 5:11-12 Bienaventurados sois cuando por mi causa os vituperen y os persigan, y digan toda clase de mal contra vosotros, mintiendo.

Gozaos y alegraos, porque vuestro galardón es grande en los cielos; porque así persiguieron a los profetas que fueron antes de vosotros.

No te preocupes de los ataques, ya que nadie derriba a quien Dios levanta, nadie derrota a quien Dios protege y nadie maldice a quien Dios bendice. El ataque simplemente es una señal de que estás avanzando y acercándote al galardón que está guardado para ti. No caigas en la trampa de enojarte o defenderte y mucho menos desquitarte. La escritura te dice que te goces y alegres ya tu galardón es GRANDE.

2

WHEN THE ATTACK COMES, IS ANNOUNCING THAT YOU ARE THE NEXT IN LINE TO BE PROMOTED.

Matthew 5: 11-12 Blessed are you when they revile you and persecute you and say all kinds of evil against you falsely for my sake.

Rejoice and be glad, for your reward is great in heaven; for so they persecuted the prophets who were before you.

Don't worry about the attacks, since no one knocks down who God raises up, no one defeats whom God protects, and nobody curses whom God blesses. The attack is simply a sign that you are moving forward and approaching the reward that is been saved for you. Do not fall into the trap of getting angry or defending yourself. The scripture tells you to rejoice and be happy because your reward is GREAT.

3

PREFIERO ENOJARME CONTIGO POR DECIRME LA VERDAD, QUE ESTAR CONTENTO CONTIGO POR TRAGARME TU MENTIRA.

Juan 8:32 y conoceréis la verdad, y la verdad os hará libres.

Muchas veces la verdad provoca un dolor temporero pero eventualmente trae sanidad permanente. Entendamos que la verdad en su mayoría de veces incomoda y molesta, pero a su vez quita un velo de engaño o ignorancia que NO necesitamos. Muchas veces los mensajes de predicación que más nos incomodan, que más nos confrontan, que más traen convicción, son los más que necesitamos en nuestra vida. Me pregunto hace cuanto NO escuchas un mensaje que traiga convicción a tu vida?

3

I PREFER TO GET MAD AT YOU FOR TELLING ME THE TRUTH THAN TO BE CONTENT WITH YOU BY SWALLOWING YOUR LIE.

John 8:32 and you will know the truth, and the truth will set you free.

Many times the truth provokes a temporary pain but eventually, it brings permanent healing. Let us understand that the truth is uncomfortable and annoying, but at the same time, it removes a veil of deceit or ignorance that we do not need. Many times the messages and preaching's that bother us the most, that confront us the most, that brings more conviction are the most important that we need in our lives. I wonder how long has been since you have listened to a message that brings conviction to your life?

4

TODO LO QUE EXPERIMENTA MUERTE, SE REPRODUCE EN VIDA.

Juan 12:24 De cierto, de cierto os digo, que si el grano de trigo no cae en la tierra y muere, queda solo; pero si muere, lleva mucho fruto.

Dios entierra tu pasado NO tu propósito. Un bebe recién nacido no tiene pasado porque ha acabado de nacer. La experiencia del nuevo nacimiento en Cristo nos llevó a no tener pasado, solo un futuro eterno. Existen cosas en nuestras vidas que deben de morir para que otras puedan nacer. Debemos hacer morir las obras de la carne para que el fruto del Espíritu pueda manifestarse (Gálatas 5:19) Comienza desde ahora!

4

EVERYTHING THAT EXPERIENCES DEATH, IS REPRODUCED IN LIFE.

John 12:24 Most assuredly, I say to you, unless a grain of wheat falls into the earth and dies, it remains alone; but if it dies, it bears much fruit.

God buries your past NOT your purpose. A newborn baby has no history because he just been born. The experience of the new birth in Christ led us to have no past, only an eternal future. There are things in our lives that must die so that others can be born. We must put to death the deeds of the flesh so that the fruit of the Spirit may be manifested. (Galatians 5:19) Start right now!

5

MI SITUACIÓN NO DETERMINA MI ADORACIÓN.

Juan 4:24 Dios es Espíritu; y los que le adoran, en espíritu y en verdad es necesario que adoren.

Los adoradores son las personas más difíciles de poder discernir cuando están pasando por una situación difícil. Porque? Porque el adorador NO adora por lo que ha obtenido, sino por lo que ha sobrevivido. El verdadero adorador NO permite que sus circunstancias determinen la calidad de adoración que le darán al Señor. Tu adoración siempre alineará tu situación al propósito de Dios. Adora hasta que lo veas!

5

MY SITUATION DOES NOT DETERMINE MY WORSHIP.

John 4:24 God is a Spirit, and they that worship him, must worship him in spirit and in truth.

Worshipers are the most difficult people to see or discern when they are going through a difficult situation. Why? Because the worshiper does NOT worship for what he has obtained, but for what he has survived. The true worshiper does NOT allow his circumstances to determine the quality of worship they will give to the Lord. Your worship will always align your situation to God's purpose. Worship until you see it!

6

PUEDO DETECTAR A UN CIEGO POR LO QUE ESCUCHO SALIR DE SU BOCA.

Mateo 12:34 ¡Generación de víboras! ¿Cómo podéis hablar lo bueno, siendo malos? Porque de la abundancia del corazón habla la boca.

Existen personas que tienen ojos pero NO ven. En una ocasión la famosa Hellen Keller dijo: Lo más miserable para una persona es nacer con vista pero no tener visión. Tus palabras deben alinearse con la palabra de Dios en todo tiempo, ya que es la lámpara que te permite ver. Si puedes hablar como Dios, entonces podrás ver como Dios. ¡La palabra es tu lámpara!

6

I CAN DETECT A BLIND PERSON FOR WHAT I LISTEN COMING OUT OF HIS MOUTH.

Matthew 12:34 Generation of vipers! How can you speak good things, being evil? Because of the abundance of the heart the mouth speaks.

There are people who have eyes but can't see. On one occasion the famous Hellen Keller said: The most miserable thing for a person is to be born with sight but with NO vision. Your words should be aligned with the word of God at all times since it is the lamp that allows you to see. If you can speak like God, then you can see as God. The word is your lamp!

7

LA MENTE ES LA PUERTA DE ENTRADA AL CORAZÓN.

Romanos 12:2 No os conforméis a este siglo, sino transformaos por medio de la renovación de vuestro entendimiento, para que comprobéis cuál sea la buena voluntad de Dios, agradable y perfecta.

Renovar no es otra cosa que quitar algo viejo y reemplazarlo con algo nuevo. La palabra transformación significa "cambio irreversible". Pero nada de esto ocurrirá en tu vida sino estas dispuesto a cambiar, aprender y avanzar. Recuerda: Si NO hay renovación de entendimiento NO habrá transformación. Renuévate con la palabra de Dios y la meditación!

7

THE MIND IS THE DOOR OF ENTRANCE TO THE HEART.

Romans 12: 2 Be not conformed to this world, but be transformed by the renewing of your mind, that you may prove what is the good and acceptable and perfect will of God.

Renewing is nothing else than removing something old and replacing it with something new. The word transformation means "irreversible change". But none of this will happen in your life unless you are willing to change, learn and move forward. Remember: If there is NO renewal of understanding there will be no transformation. Renew yourself with the word of God and meditation!

8

SI HAY ABUNDANCIA EN TU CORAZÓN, ENTONCES ABUNDANCIA SERÁ CREADA EN EL LUGAR QUE TE ENCUENTRAS.

2 Corintios 8:14 sino para que en este tiempo, con igualdad, la abundancia vuestra supla la escasez de ellos, para que también la abundancia de ellos supla la necesidad vuestra, para que haya igualdad.

Nuestra herencia es la abundancia (Juan 10:10). Jesús vino con el único propósito de que participáramos de su abundancia eterna. Así como Él lo hizo con nosotros, el espera que nosotros lo hagamos con los demás. Habla y profetiza la palabra de abundancia. Hoy es un buen día para compartir de tu abundancia con otros.

8

IF THERE IS ABUNDANCE IN YOUR HEART, THEN ABUNDANCE WILL BE CREATED IN THE PLACE YOU ARE.

2 Corinthians 8:14 but so that at this time, with equality, the abundance of your fill the shortage of them, so that also the abundance of them will supply your need so that there is equality.

Our inheritance is abundance (John 10:10). Jesus came with the sole purpose of letting us share his eternal abundance. Just as He did it with us, He expects us to do it with others. Speak and prophesy the word of abundance. Today is a good day to share your abundance with others.

9

HAY COSAS QUE SI TE LAS COMES TE MATARÁN.

Génesis 3:3 pero del fruto del árbol que está en medio del huerto dijo Dios: No comeréis de él, ni le tocaréis, para que no muráis.

Espiritualmente comes por los oídos NO por la boca. La escritura dice que la Fe viene por el oír (Romanos 10:17). Entonces debes ser precavido en lo que permites entrar en tus oídos, ya que lo que oyes puede traer Fe si es la palabra de Dios, o por el contrario podría contaminarte con todo tipo de dudas, miedos y preocupaciones. Elige comer solo aquello que se te ha dado permiso en la escritura. Recuerda: Todo lo saludable crece!

9

THERE ARE THINGS THAT IF YOU EAT THEM WILL KILL YOU.

Genesis 3: 3 But of the fruit of the tree that is in the midst of the garden, God said: You shall not eat of it, neither shall you touch it, lest you die.

Spiritually you eat by the ears NOT by the mouth. The scripture says that Faith comes by hearing (Romans 10:17). Then you must be cautious in what you allow to enter your ears since what you hear may bring Faith if it is the word of God, or on the contrary, it could contaminate you with all kinds of doubts, fears, and worries. Choose to eat only that which has been given permission in the scriptures. Remember: Everything healthy grows!

10

NO TE HAGAS TU PROPIA ROPA, VÍSTETE CON LA ROPA QUE DIOS TE DIÓ.

Génesis 3:7 Entonces fueron abiertos los ojos de ambos, y conocieron que estaban desnudos; entonces cosieron hojas de higuera, y se hicieron delantales.

Dios nunca podrá bendecir quien estas tratando de ser, El solo bendecirá quien realmente eres. No necesitas lo que tiene otro para cumplir con el llamado que Dios te hizo. Vístete del nuevo hombre creado según Cristo en la justicia y santidad de la verdad (Efesios 4:24). Vístete de Cristo!

10

DO NOT MAKE YOUR OWN CLOTHES, DRESS IN THE CLOTHES THAT GOD GAVE YOU.

Genesis 3: 7 Then both their eyes were opened, and they knew that they were naked; Then they sewed fig leaves and made aprons.

God will never be able to bless who you are trying to be, He will only bless who you really are. You don't need what others have to fulfill the call of God in your life. Put the clothes of the new man created according to Christ in righteousness and holiness of the truth (Ephesians 4:24). Get dressed up in Christ!

11

LA OBEDIENCIA ES LA VERDADERA PRUEBA DE FE.

Santiago 2:17 Así también la fe, si no tiene obras, es muerta en sí misma.

Pero alguno dirá: Tú tienes fe, y yo tengo obras. Muéstrame tu fe sin tus obras, y yo te mostraré mi fe por mis obras.

La obediencia de la que hablo no es la nuestra, sino la de Cristo. Solo debemos manifestar una pura obediencia que es solo el reflejo exacto de la obediencia de Cristo. La verdadera obediencia NO vive tratando de pagar por algo que solo Cristo pudo haber hecho, sino de recibir la obediencia por fe, del único que pudo ser tentado en todo pero sin pecado. Es una obediencia de agradecimiento y NO de obligación. Por tanto si quieres ver tu fe en acción, muévete! Quieres ver cambios? Haz algo diferente, toma decisiones. NO permitas que el miedo te detenga! Tienes TODO lo que necesitas para cumplir tu destino divino. Nadie puede detenerte…solo tú! Recuerda: Una decisión siempre producirá cambios!

11

OBEDIENCE IS THE TRUE PROOF OF FAITH.

James 2:17 So also faith, if it has no works, is dead in itself.

But someone will say: You have faith, and I have worked. Show me your faith without your works, and I will show you my faith by my works.

The obedience is NOT ours, but that of Christ. We should only manifest pure obedience, which is only the exact reflection of the obedience of Christ. True obedience does NOT live trying to pay for something that only Christ could have done, but to receive obedience by faith, the only one who could be tempted in everything but without sin. It is the obedience of gratitude and NOT an obligation. So if you want to see your faith in action, move! Do you want to see changes? Do something different, make decisions. DO NOT let fear stop you! You have EVERYTHING you need to fulfill your divine destiny. Nobody can stop you ... only you! Remember: A decision will always produce changes!

12

CUANDO VOTAS POR ALGUIEN, ESTÁS SIENDO PARTICIPE DE LA PLATAFORMA QUE ELLOS CREEN Y APRUEBAN.

1 Timoteo 2:2 por los reyes y por todos los que están en eminencia, para que vivamos quieta y reposadamente en toda piedad y honestidad.

Se debe respetar el derecho al voto sin importar afiliaciones de partidos políticos. Como cristianos la escritura nos hace responsables de orar por nuestros líderes políticos y por todos los que están en autoridad, ya que esto es parte del principio de la honra. Cuando comenzamos a abrir nuestra boca en contra de la autoridad casi siempre estaremos en problemas. No fuimos llamados a estar de acuerdo con ellos en todo, pero si fuimos llamados a orar por todos! Ora y honra la autoridad!

12

WHEN YOU VOTE FOR SOMEONE, YOU ARE PARTICIPATING IN THE PLATFORM THAT THEY BELIEVE AND APPROVE.

1 Timothy 2: 2 by the kings and by all who are in eminence, so that we may live quietly and quietly in all piety and honesty.

The right to vote must be respected regardless of the affiliations of political parties. As Christians, scripture makes us responsible for praying for our political leaders and for all those in authority, as this is part of the principle of honor. When we begin to open our mouths against authority we will almost always be in trouble. We were not called to agree with them at all, but we were called to pray for all! Pray and honor the authority!

13

PERDEMOS LO QUE GUARDAMOS, Y CONSERVAMOS LO QUE DAMOS.

Lucas 21:3 Y dijo: En verdad os digo, que esta viuda pobre echó más que todos.

En la eternidad solo participarás de lo que hagas por el reino de Cristo mientras estés aquí en la tierra. Nada material podrá transferirse al cielo, solo las buenas obras guiadas por el Espíritu Santo. Lo que das para la obra de Dios o cualquier proyecto dirigido por Dios aquí en la tierra, será recompensado grandemente en el cielo. Mas bienaventurado es dar que recibir (Hechos 20:35). Comienza a dar de lo que tienes para que en el día que viene puedas disfrutar de lo que te fue guardado.

13

WE LOSE WHAT WE KEEP, AND WE KEEP WHAT WE GIVE.

Luke 21: 3 And he said, Truly I say to you, that this poor widow cast more than all.

In eternity you will only participate in what you do for the kingdom of Christ while you are here on earth. Nothing material can be transferred to heaven, only good works guided by the Holy Spirit. What you give for the work of God or any project led by God here on earth, will be greatly rewarded in heaven. It is more blessed to give than to receive (Acts 20:35). Start giving what you have so that on eternity you can enjoy what was saved for you.

14

CUIDADO CON EL MANTO QUE QUIERES.

Josué 7:20-21 Y Acán respondió a Josué diciendo: Verdaderamente yo he pecado contra Jehová el Dios de Israel, y así y así he hecho. Pues vi entre los despojos un manto babilónico muy bueno, y doscientos siclos de plata, y un lingote de oro de peso de cincuenta siclos, lo cual codicié y tomé; y he aquí que está escondido bajo tierra en medio de mi tienda, y el dinero debajo de ello.

La avaricia es una de las grandes causantes de hombres que se perdieron por su causa. De hecho un corazón agradecido y desprendido para dar, es la evidencia que ha conquistado la avaricia. Jesús lo explicó de esta manera: "Porque la vida del hombre NO consiste en la abundancia de los bienes que posee" (Lucas 12:15) Recuerda: No eres lo que posees…eres lo que Dios dijo, Eres hijo de un Rey!

14

BEWARE OF THE MANTLE YOU WANT.

Joshua 7: 20-21 And Achan answered Joshua, saying, "Truly, I have sinned against Jehovah, the God of Israel, and so and so have I done." For I saw among the spoils a very good Babylonish robe, and two hundred shekels of silver, and one ingot of gold weighing fifty shekels, which I coveted and took; and behold, it is hidden under the earth in the midst of my tent, and the money under it.

Greed is one of the great causes of men who got lost because of it. In fact, a grateful and detached heart to give is the evidence that has conquered greed. Jesus explained it this way: "Because the life of man does NOT consist in the abundance of the goods he possesses"(Luke 12:15) Remember: You are not what you own ... you are what God said, You are the son of a King!

15

MUCHAS VECES LA VIDA DE TU HERMANO MENOR ES TU RESPONSABILIDAD.

Génesis 4:9,10 Y Jehová dijo a Caín: ¿Dónde está Abel tu hermano? Y él respondió: No sé. ¿Soy yo acaso guarda de mi hermano? Y él le dijo: ¿Qué has hecho? La voz de la sangre de tu hermano clama a mí desde la tierra.

Este pasaje trae a mi memoria cuando Jesús le hubo anunciado a Pedro que lo negaría 3 veces y luego le dice; "y tu una vez vuelto confirma a tus hermanos" (Lucas 22:32). Como líderes debemos fortalecer a nuestros hermanos. Nunca herirlos o hacerles daño. Nuestros hermanos menores o aquellos que llegaron luego que nosotros a los caminos del Señor deben ser protegidos y cuidados en todo tiempo. La mejor enseñanza del reino que podemos darles es nuestro ejemplo!

15

MANY TIMES THE LIFE OF YOUR LITTLE BROTHER IS YOUR RESPONSIBILITY.

Genesis 4: 9,10 And the LORD said unto Cain, Where is Abel thy brother? And he replied: I do not know. Am I my brother's keeper? And he said to him: What have you done? The voice of your brother's blood cries out to me from the earth.

This passage brings to my memory when Jesus had announced to Peter that he would deny it 3 times and then tell him; "And when thou art converted, strengthen thy brethren" (Luke 22:32). As leaders, we must strengthen our brothers. Never hurt them or harm them. Our younger brothers or those who came after us to the ways of the Lord should be protected and cared for at all times. The best teaching of the kingdom that we can give them is our example!

16

LA CALIDAD DE MI MENSAJE NO SERÁ DETERMINADO POR LA CANTIDAD DE PERSONAS QUE ESTÉN EN LA REUNIÓN.

Lucas 16:10 El que es fiel en lo muy poco, también en lo más es fiel; y el que en lo muy poco es injusto, también en lo más es injusto.

La cantidad nunca determina la calidad. Nuestras motivaciones y nuestras actitudes deben siempre ser monitoreadas. Muchas veces NO es lo que hacemos, sino el por qué lo estamos haciendo. Procura que tus motivaciones sean puras y genuinas de parte de Dios, y verás que todo lo que emprendas prosperará. NO seas motivado por la gente, ya que si en algún momento de tu vida te encuentras solo, estarás en serios problemas. Cuando tu motivación y fortaleza viene de Dios, NADA ni NADIE podrá detenerte!

16

THE QUALITY OF MY MESSAGE WILL NOT BE DETERMINED BY THE NUMBER OF PEOPLE WHO ARE AT THE MEETING.

Luke 16:10 He who is faithful in a very little, is faithful also in the most; and the one who in the least is unjust, also the most unjust.

The quantity never determines the quality. Our motivations and our attitudes must always be monitored. Many times it is NOT what we do, but why we are doing it. Check that your motivations are pure and genuine from God, and you will see that everything you undertake will prosper. Do NOT be motivated by people, because if at some point in your life you are alone, you will be in serious trouble. But when your motivation and strength comes from God, NOTHING or ANYBODY can stop you!

17

NUNCA TRATES DE AFERRARTE A ALGO DE LO CUAL DIOS TE QUIERE SEPARAR.

Génesis 13:1 Subió, pues, Abram de Egipto hacia el Neguev, él y su mujer, con todo lo que tenía, y con él Lot.

Muchas veces en nuestra vida nuestros sentimientos nos llevarán a tomar decisiones equivocadas las cuales pueden causarnos grandes estragos en la vida. Debes reconocer que muchas veces el rechazo, la traición, y el abandono de la gente, es solo Dios protegiéndote. Dios siempre te separará de aquello que cause contienda e interrumpa la paz y el plan divino que Dios tiene para tu vida. Aprende a aceptar **"los adiós"** de la vida como parte del plan de Dios. Aún te queda mucha gente por conocer! No olvides que los adiós de la vida solo crean espacio para la gente nueva que Dios está a punto de traer.

17

NEVER TRY TO HOLD ON TO SOMETHING THAT GOD WANTS TO SEPARATE YOU FROM.

Genesis 13: 1 And Abram went up from Egypt into the south, he and his wife, and all that she had, and with him Lot.

Many times in our lives our feelings will lead us to make wrong decisions, which can cause us great havoc in life. You must recognize that many times the rejection, the betrayal, and the abandonment of the people, it is only God protecting you. God will always separate you from that which causes strife and interrupts the peace and the divine plan that God has for your life. Learn to accept **"the goodbyes"** of life as part of God's plan. You still have many people to meet! Do not forget that the goodbyes, only creates space for the new people God will bring to your life.

18

LOS MENSAJES MENOS RECONOCIDOS, SIEMPRE SERÁN LOS MÁS TRANSFORMADORES.

Juan 10: 30-33 Yo y el Padre uno somos. Entonces los judíos volvieron a tomar piedras para apedrearle. Jesús les respondió: Muchas buenas obras os he mostrado de mi Padre; ¿por cuál de ellas me apedreáis? Le respondieron los judíos, diciendo: Por buena obra no te apedreamos, sino por la blasfemia; porque tú, siendo hombre, te haces Dios.

Jesús nunca tuvo problemas con sus mensajes hasta que comenzó a declararse hijo de Dios. Para los líderes religiosos era una blasfemia, para los de hoy en día también será un problema. La revelación del reino nunca podrá caber en una mente religiosa. De hecho la mente es como un paracaídas, solo funciona cuando se abre. Procura estudiar la palabra, creerla, meditar en ella y ponerla en tu boca. Busca mentores que te encaminen y aconsejen en la palabra de Dios. Luego predica a tiempo y fuera de tiempo. Pero sabiendo que no todo lo que prediques siempre caerá bien a todo el mundo. Debes prepararte para las dos audiencias, los **"hosanna y los de crucifícale".**

18

THE MESSAGES THAT ARE LESS RECOGNIZED, WILL ALWAYS BE THE MOST POWERFUL.

John 10: 30-33 I and the Father are one. Then the Jews again took stones to stone him. Jesus answered them: Many good works have I shown you from my Father; for who of them do you stone at me? The Jews answered him, saying, "For a good work we do not stone you, but for blasphemy; because you, being a man, make yourself God.

Jesus never had problems with his messages until he began to declare himself as a son of God. For the religious leaders, it was a blasphemy, for those of today it will also be a problem. The revelation of the kingdom can never fit into a religious mind. In fact, the mind is like a parachute, it only works when it opens. Try to study the word, believe it, meditate on it and put it in your mouth. Find mentors to guide you and advise you in the word of God. Then preach on time and out of time. But knowing that not everyone you preach will accept your message. You must prepare yourself for two audiences, those that say **"Hosanna and those that say crucify him."**

19

CUANDO TE SEPARAS DE TU PADRE, TE APARTAS DE SU COBERTURA.

Lucas 15:13 No muchos días después, juntándolo todo el hijo menor, se fue lejos a una provincia apartada; y allí desperdició sus bienes viviendo perdidamente.

La buena noticia es que tu Padre no te dejará ni te desamparará. Aun así debes saber que tienes un libre albedrio. Cuando decides pecar deliberadamente o alejarte de las cosas de Dios, entonces te posicionas en un lugar vulnerable. Cuando te encuentras dentro de una casa y llueve, de seguro no te mojarás ya que la casa es tu cobertura, pero si decides salir por cuenta propia aun sabiendo que está lloviendo, y no llevas con que cubrirte entonces te mojarás. Existen decisiones que tendrán repercusiones en tu vida. Decide caminar con tu Padre todos los días de tu vida, en su casa siempre hay una fiesta cuando decides permanecer!

19

WHEN YOU SEPARATE FROM YOUR FATHER, YOU MOVE AWAY FROM HIS COVERING.

Luke 15:13 Not many days later, when the youngest son gathered together, he went away to a remote province; and there he squandered his property by living lost.

The good news is that your Father will not leave you or forsake you. Even so, you know that you have a free will. When you choose to deliberately sin or get away from the things of God, then you position yourself in a vulnerable place. When you are inside a house and it rains, surely you will not get wet since the house is your cover, but if you decide to leave on your own even knowing that it is raining, and you do not have something to cover yourself then you will get wet. There are decisions that will have repercussions in your life. Decide to walk with your Father every day of your life, at home, there is always a party when you decide to stay!

20

TU AFLICCIÓN TIENE FECHA DE EXPIRACIÓN.

2 Corintios 4:17 Porque esta leve tribulación momentánea produce en nosotros un cada vez más excelente y eterno peso de gloria;

Las aflicciones son temporales NO eternas. Las aflicciones NO te hacen más fuerte, es Cristo el que te fortalece en medio de ellas. Todo en este mundo es temporal, pero nosotros tenemos promesas eternas en Cristo. Todas las cosas están trabajando para tu bien y para que el plan de Dios se manifieste en tu vida. Recuerda; esa situación que parece que nunca va a cambiar…**cambiará!**

20

YOUR AFFLICTION HAS A DATE OF EXPIRATION.

2 Corinthians 4:17 For this slight momentary affliction produces in us an even more excellent and eternal weight of glory;

The afflictions are temporary NOT eternal. Afflictions do NOT make you stronger, it is Christ who strengthens you in their midst. Everything in this world is temporary, but we have eternal promises in Christ. All things are working for your good and for God's plan to manifest in your life. Remember; that situation that seems like it will never change ... it will change!

21

NUNCA PERMITAS QUE BUENOS LIBROS TOMEN EL LUGAR DE LA BIBLIA, BEBE DE LA FUENTE Y NO DEL RIACHUELO QUE FLUYE DE ELLA.

Juan 5:39 Escudriñad las Escrituras; porque a vosotros os parece que en ellas tenéis la vida eterna; y ellas son las que dan testimonio de mí;

La raíz de un árbol está diseñada para ir en dirección hacia abajo todo el tiempo. Su intención es utilizar la tierra para llegar a su destino. El propósito es llegar a lo más preciado que existe lo cual es el **"agua"**. Cuando un árbol esta plantado junto a corrientes de aguas y sus raíces llegan a ella, entonces las condiciones externas tendrán muy poco efecto en ese árbol. (Salmo 1:3) Mientras que las raíces beben de la fuente subterránea de aguas vivas, las ramas tienen que beber del producto de la lluvia lo cual es un derivado de la fuente misma. Debes entender que el tiempo de desarrollo de la raíz de un árbol, siempre es más importante que el desarrollo de los frutos, ya que una raíz saludable serán frutos saludables. Entonces procura pasar tiempo bebiendo de la biblia directamente, ya que los buenos libros nunca podrán reemplazarla.

21

NEVER ALLOW GOOD BOOKS TO TAKE THE PLACE OF THE BIBLE, DRINK FROM THE SOURCE AND NOT THE RIVER THAT FLOWS FROM IT.

John 5:39 Search the scriptures; because it seems to you that in them you have eternal life; and they are the ones that give testimony of me;

The root of a tree is designed to go in the downward direction all the time. The intention is to use the soil to get to the destination, which is really reaching the most precious thing that exists on earth, which is **"water"**. When a tree is planted by streams of water and its roots reach it, then external conditions will have very little effect on that tree. (Psalm 1: 3) While the roots drink from the underground source of living waters, the branches have to drink from the product of the rain which is a derivative of the source itself. You must understand that the time of development of the root of a tree will always be more important than the development of the fruits since a healthy root are healthy fruits. Then try to spend time drinking from the bible directly, since good books can never replace it.

22

DEJA DE ESTAR TRATANDO QUE ME PAREZCA A QUIEN YO ERA.

2 Corintios 5:17 De modo que si alguno está en Cristo, nueva criatura es; las cosas viejas pasaron; he aquí todas son hechas nuevas.

Cuando naciste de nuevo pasaste a ser una nueva creación, un nuevo ser. Ya no eres lo que eras, aunque te continúes pareciendo a la vieja criatura. Ahora tienes una nueva naturaleza...una divina! (2 Pedro 1:4). Te daré un consejo; cuando esa persona que era muy amiga tuya te invite a comer y se encuentre hablándole a quien tú eras, entonces le dirás; *se con quién estas tratando de hablar pero **ella ya NO vive aquí***.

22

STOP TRYING TO MAKE ME LOOK LIKE WHO I USE TO BE.

2 Corinthians 5:17 So if anyone is in Christ, he is a new creation; old things happened; behold, all are made new.

When you were born again you became a new creation, a new being. You are no longer what you were, although you continue to resemble the old creature. Now you have a new nature ... a divine one! (2 Peter 1: 4) I'll give you an advice; when that person who was very close to you invites you to eat and starts talking to who you were, then you will tell him; *I know who you are trying to talk to **but that person does NOT live here anymore ***.

23

LA BENDICIÓN NO ESTÁ EN LAS PAGINAS DE LA BIBLIA, SINO EN EL CORAZÓN DEL QUE LAS LEE.

Hebreos 4:12 Porque la palabra de Dios es viva y eficaz, y más cortante que toda espada de dos filos; y penetra hasta partir el alma y el espíritu, las coyunturas y los tuétanos, y discierne los pensamientos y las intenciones del corazón.

Si tomas una servilleta y le escribes un texto bíblico en ella de seguro sabrás que tiene el mismo poder que el texto que se encuentra en las páginas de una biblia. No limitemos la escritura a un papel. Aunque a muchos no les gusta el mero hecho de la tecnología y el tener la escritura en los celulares, IPad, o computadoras, la verdad es que dondequiera que se encuentre la escritura hará su trabajo, ya que ella es viva y eficaz. El hombre siempre tratará de cambiar la escritura pero nunca podrá, sin embargo la escritura siempre cambiará a hombre.

23

THE BLESSING IS NOT IN THE PAGES OF THE BIBLE, BUT IN THE HEART OF THE ONE WHO READS THEM.

Hebrews 4:12 For the word of God is living and active, and sharper than any two-edged sword; and penetrates to split the soul and the spirit, the joints and the marrow, and discerns the thoughts and intentions of the heart.

If you take a napkin and write a biblical text in it, you will surely know that it has the same power as the text found in the pages of a bible. Do not limit the written word to a paper. Although many do not like the mere fact of technology and having the Bible on cell phones, IPad, or computers, the truth is that wherever you are the scripture will do its job, as it is alive and effective. Man will try to change the word of God but he will never be able to, but the word of the living God will always change a man.

24

HAY GENTE QUE QUIEREN QUE TE QUEDES DONDE TE CONOCIERON.

Juan 9:8-9 Entonces los vecinos, y los que antes le habían visto que era ciego, decían: ¿No es éste el que se sentaba y mendigaba? Unos decían: Él es; y otros: A él se parece. Él decía: Yo soy.

A medida que avances en la vida y madures en las cosas de Dios, llegará el momento donde tendrás que desprenderte de gente que amas pero que te estancan. Mientras te desarrolles y atravieses por el proceso de la metamorfosis te darás cuenta que habrá personas que un día te conocieron pero que no han hecho la transición contigo. Los cambios a veces pueden ser dolorosos pero son necesarios. Muévete aunque ellos NO quieran! A donde Dios te está llevando NO todos podrán ir contigo.

24

THERE ARE PEOPLE WHO WANT YOU TO STAY WHERE THEY MET YOU.

John 9: 8-9 Then the neighbors, and those who had seen him before that he was blind, said: Is not this the one who sat and begged? Some said: He is; and others: He looks like him. He said: I am.

As you progress in life and mature in the things of God, there be a time when you will have to let go of people you love, but who stagnate you. As you develop and go through the process of metamorphosis you will realize that there will be people who once knew you but who have not made the transition with you. Changes can sometimes be painful but they are necessary. Move even if they do NOT want to! Where God is taking you, NOT everyone can go with you.

25

HAY UNA DIFERENCIA ENTRE LO QUE DICES DE DIOS Y LO QUE HACES EN DIOS.

Mateo 7:21 No todo el que me dice: Señor, Señor, entrará en el reino de los cielos, sino el que hace la voluntad de mi Padre que está en los cielos.

Aquí se nos enseña que Dios está más interesado en lo que haces, que en lo que dices. El libro de (Santiago 1:22) también se nos dice que no son los oidores de la palabra sino los hacedores los que son justos ante Dios. Por tanto enfócate más en hacer lo que dices, que en decir lo que NO haces.

25

THERE IS A DIFFERENCE BETWEEN WHAT YOU SAY ABOUT GOD AND WHAT YOU DO IN GOD.

Matthew 7:21 Not everyone who says to me, Lord, Lord, will enter the kingdom of heaven, but he who does the will of my Father who is in heaven.

In this scripture, we are taught that God is more interested in what **you do** than in what **you say**. The book of (James 1:22) also tells us that it is not the hearers of the word but the doers who are righteous before God. So focus more on doing what you say, than on saying what you do NOT do.

26

CUANDO NO CONOCES QUIEN REALMENTE ERES, APARENTARAS LO QUE NO ERES.

1Samuel 28:8 Y se disfrazó Saúl, y se puso otros vestidos, y se fue con dos hombres, y vinieron a aquella mujer de noche; y él dijo: Yo te ruego que me adivines por el espíritu de adivinación, y me hagas subir a quien yo te dijere.

Dios es uno que NO lo impresionan las apariencias, El mira lo profundo del corazón. A veces lo más importante no es lo que haces, sino la intención y motivos del porque lo hiciste. Muchas veces la esclavitud a la opinión pública nos lleva a actuar de una manera ilegítima, para sentirnos aceptados por ciertos grupos. No necesitas nada de nadie para cumplir tu propósito en esta tierra, solo lo que Dios puso dentro de ti.

26

WHEN YOU DO NOT KNOW WHO YOU REALLY ARE, YOU WILL APPEAR TO BE SOMEONE YOU ARE NOT.

1Samuel 28: 8 And Saul disguised himself, and put on other garments, and went with two men, and they came to that woman by night; and he said: I pray you, guess me by the spirit of divination, and bring me up to whom I will tell you.

God is one who is NOT impressed by appearances. He looks deep into the heart. Sometimes the most important thing is not what you do, but the intention and reasons why you did it. Many times the slavery to public opinion leads us to act in an illegitimate way to feel accepted by certain groups. You do not need anything from anyone to fulfill your purpose on this earth, only what God put within you.

27

NUNCA PIENSES EN TU CIRCUNSTANCIA, SIN PRIMERO CONSIDERAR TU PROMESA.

Hebreos 6:13-15 Porque cuando Dios hizo la promesa a Abraham, no pudiendo jurar por otro mayor, juró por sí mismo, diciendo: De cierto te bendeciré con abundancia y te multiplicaré grandemente. Y habiendo esperado con paciencia, alcanzó la promesa.

Uno de los secretos de la Fe es el NO vivir hablándole a la gente de tus problemas. No puedes vivir la vida contándole a la gente cuán grande es tu problema, cuando debes estar hablándole a tu problema cuán GRANDE es Dios. Otro secreto de la Fe es el NO hablar lo que estás viendo, sino el hablar lo que quieres ver. Llama las cosas que no son como si ya existieran! (Romanos 4:17) Si esperas con paciencia de seguro que también verás la promesa.

27

NEVER THINK ABOUT YOUR CIRCUMSTANCE, WITHOUT FIRST CONSIDERING YOUR PROMISE.

Hebrews 6: 13-15 For when God made the promise to Abraham, being unable to swear by another, he swore by himself, saying, "I will bless you with abundance and multiply you greatly." And having waited patiently, he reached the promise.

One of the secrets of Faith is NOT living talking to people about your problems. You cannot live life by telling people how big your problem is when you should be talking to your problem how BIG God is. Another secret of the Faith is to NOT talk what you are seeing but to speak what you want to see. Call things that are not as if they already exist! (Romans 4:17) If you wait patiently for sure you will also see the promise.

28

EN TU PEOR LUGAR SE ENCUENTRA TU MEJOR EXPERIENCIA.

S. Juan 20:11-12 Pero María estaba fuera llorando junto al sepulcro; y mientras lloraba, se inclinó para mirar dentro del sepulcro; y vio a dos ángeles con vestiduras blancas, que estaban sentados el uno a la cabecera, y el otro a los pies, donde el cuerpo de Jesús había sido puesto.

Dios NO siempre te va a librar **"de"** la tormenta, prueba o aflicción, pero si siempre te librará **"en"** ella. Dios NO libró a Daniel del foso **"de"** los leones, pero si lo libró **"en"** el foso de los leones. Los tres jóvenes hebreos no fueron librados **"del"** horno de fuego, pero si fueron librados **"en"** el horno de fuego. Puedes verlo? Muchas veces tu mejores experiencias se encuentran en tus peores lugares...Confía!

28

IN YOUR WORST PLACE YOU WILL FIND YOUR BEST EXPERIENCE.

S. John 20: 11-12 But Mary was outside weeping beside the sepulcher; and as he cried, he bent down to look inside the tomb; and he saw two angels with white garments, who were sitting one at the head, and the other at the feet, where the body of Jesus had been placed.

God will NOT always deliver you **"from"** the storm, trial or affliction, but He will always deliver you **"in"** the storm. God did NOT deliver Daniel **"from"** the lion's den, but he delivers him **"in"** the lion's den. The three young Hebrews were not delivered **"from the"** furnace of fire, but they were delivered **"in"** the furnace of fire. Can you see it? Many times your best experiences are in your worst places ...Trust!

29

TU MANO ES SOLO UNA EXTENSIÓN DE TU CORAZÓN.

S Lucas 21:3-4 Y dijo: En verdad os digo, que esta viuda pobre echó más que todos. Porque todos aquéllos echaron para las ofrendas de Dios de lo que les sobra; mas ésta, de su pobreza echó todo el sustento que tenía.

Como tratas a Dios con tu dinero, deja mucho que decir de la condición de tu corazón. En este pasaje Jesús mide la ofrenda NO por la cantidad sino por la calidad. La enseñanza es muy clara, algunos daban mucho de los que les sobraba **"las sobras"** pero la viuda dio todo el sustento que tenía. Cuando le das lo mejor de tu vida a Dios siempre, Él se agradará por más pequeño que parezca. Cuando pones a Dios primero en tu vida, nunca estarás a lo último. (Mateo 6:33)

29

YOUR HAND IS ONLY AN EXTENSION OF YOUR HEART.

S Luke 21: 3-4 And he said: Truly I say to you, that this poor widow cast more than all. Because of all those cast for the offerings of God of what is left over; But this one, from her poverty, she put all the sustenance she had.

As you treat God with your money, has a lot to say about the condition of your heart. In this passage, Jesus measures the offering NOT by quantity but by quality. The teaching is very clear, some gave a lot of the leftover "the leftovers" but the widow gave all the sustenance she had. When you give the best of your life to God, He will always be pleased no matter how small it may seem. When you put God first in your life, you will never be the last. (Matthew 6:33)

30

TU COSECHA SIEMPRE SERÁ MÁS GRANDE QUE LA SEMILLA QUE ESTÁS DISPUESTO A SEMBRAR.

1 Corintios 9:10-11 Y el que da semilla al que siembra, y pan al que come, proveerá y multiplicará vuestra sementera, y aumentará los frutos de vuestra justicia, para que estéis enriquecidos en todo para toda liberalidad, la cual produce por medio de nosotros acción de gracias a Dios.

Si estudias bien este versículo en su contexto correcto verás que la voluntad de Dios es prosperarte. Cuando una bendición llega a tu vida, sea espiritual o financiera debes preguntarte, que parte de esta cosecha es semilla y que es fruto. El fruto es para ti, pero la semilla siempre es para sembrarla en alguien más. En el momento que te comes la semilla entonces te encuentras comiéndote tu futura cosecha. Procura vivir una vida dando, bendiciendo, ayudando, y enseñando lo mismo a otros. Existen muchísimas maneras de sembrar en el prójimo, busca una de ellas y hazla!

30

YOUR HARVEST WILL ALWAYS BE GREATER THAN THE SEED THAT YOU ARE WILLING TO SOW.

1 Corinthians 9: 10-11 And he that gives seed to him that sows, and bread to him that eats, will supply and multiply your seed, and increase the fruits of your righteousness, that you may be enriched in all things for all liberality, which he produces half of us thanks to God.

If you study this verse in its correct context you will see that the will of God is to prosper you. When a blessing comes into your life, be it spiritual or financial, you must ask yourself, what part of this harvest is a seed, and what is actually a fruit. The fruit is for you, but the seed is always to sow it in someone else. The moment you eat the seed, then you find yourself eating your future crop. Try to live a life-giving, blessing, helping, and teaching the same to others. There are many ways to sow in your neighbor, find one of them and do it!

31

SI DIOS LO OLVIDÓ TAMBIEN DEBES OLVIDARLO.

Isaías 43:25 Yo, yo soy el que borro tus rebeliones por amor de mí mismo, y no me acordaré de tus pecados.

Debes olvidar lo que Dios ya olvidó. No vivas la vida condenándote por lo que pudo haber sido, o por lo que debió haber sido. Las penas duran lo que quieras seguir llorando. El perdón es el regalo más GRANDE que Dios nos ha dado en CRISTO. En esta vida te hiere solo lo que tú permites. Tienes la habilidad de parte de Dios de perdonar a otros como Él también lo hizo y aun lo hace. Toma la decisión de perdonar y también de perdonarte a ti mismo, sabiendo que el amor del Padre nunca te dejara! Declara hoy; Decido perdonar y olvidar en el nombre de Jesús!

31

IF GOD FORGETS, YOU MUST ALSO FORGET IT.

Isaiah 43:25 I, I am he who blots out your transgressions for my own sake, and I will not remember your sins.

You must forget what God has already forgotten. Do not live life condemning yourself for what might have happened, or for what should have happened. Misery will only last for the time you want to remain crying. Forgiveness is the GREATEST gift that God has given us in CHRIST. In this life only what you allow will hurt you. You have the ability on God's part to forgive others as He also does. Make the decision to forgive and also to forgive yourself, knowing that the love of the Father will never leave you! Declare today; I decide to forgive and forget in the name of Jesus!

32

NO TE PARECES A QUIEN ELLOS CONOCIERON.

Génesis 42:7-8 Y José, cuando vio a sus hermanos, los conoció; mas hizo como que no los conocía, y les habló ásperamente, y les dijo: ¿De dónde habéis venido? Ellos respondieron: De la tierra de Canaán, para comprar alimentos. José, pues, conoció a sus hermanos; pero ellos no le conocieron.

A medida que maduras y pasan los años vas siendo transformado más y más a Cristo. No todos luego de los años te reconocerán por lo cambios internos y externos que Dios hará en tu vida. Dios siempre te bendecirá para bendecir aun a los que te han rechazado y herido. José entendió en su vida que lo que fue algo doloroso, simplemente fue el plan de Dios para salvar a su familia. Todo lo que te ha ocurrido y aun las cosas que te están ocurriendo en este preciso momento son parte de un plan mucho mayor que el tuyo. Dios está en control absoluto de tu vida! En la vida no cambias, sino que maduras.

Eres transformado por la palabra y el propósito de Dios en tu vida. La oruga llega un tiempo que cuando pasa por su proceso, entonces se transforma en mariposa, así también nosotros! Me pregunto lo siguiente; Sabría la oruga que siempre fue mariposa?

32

YOU DONT LOOK LIKE THE PERSON THEY KNEW.

Genesis 42: 7-8 And when Joseph saw his brothers, he knew them; but he pretended not to know them, and spoke harshly to them, and said to them, "Where did you come from?" They answered: From the land of Canaan, to buy food. Joseph, then, met his brothers; but they did not know him.

As you mature and grow within the years, you are transformed more and more into Christ. Not everyone after the years will recognize you because of the internal and external changes that God will make in your life. God will always bless you to bless even those who have rejected and hurt you. Joseph understood in his life that what was painful, was simply God's plan to save his family. Everything that has happened to you and even the things that are happening to you right now is part of a plan much greater than yours. God is in absolute control of your life! In this life, you do not change, but you do mature. You are transformed by the word and purpose of God in your life. For the caterpillar it comes a time that when it passes through the process, it becomes a butterfly, and so do we! I ask myself; Did the caterpillar ever knew she was really a butterfly?

33

EL SECRETO PARA VER EL PRÓXIMO MILAGRO, ES ACORDARTE Y DARLE GRACIAS POR EL ÚLTIMO.

I Tesalonicenses 5:18 Dad gracias en todo, porque ésta es la voluntad de Dios para con vosotros en Cristo Jesús.

Existen personas que nunca disfrutan lo que tienen porque siempre están sufriendo por lo que les falta. En el momento que te enfocas y agradeces lo poco que tienes, Dios te dará lo que te falta. El secreto está en ser agradecidos por lo que ya tenemos y el poder darle gloria y honra por lo que hizo la última vez en nuestras vidas. El enfoque NO debe estar en lo que Dios NO ha hecho, sino en lo que Dios ya hizo que se te había olvidado.

33

THE SECRET TO SEE THE NEXT MIRACLE, IS TO REMEMBER AND THANK HIM FOR THE LAST ONE.

I Thessalonians 5:18 Give thanks in all things, for this is the will of God for you in Christ Jesus.

There are people who never enjoy what they have because they are always suffering for what they lack. The moment you focus and appreciate the little you have, God will give you what you lack. The secret is to be grateful for what we already have and to give him glory and honor for what he did the last time in our lives. The focus should NOT be on what God has NOT done, but on what God already did that you had forgotten.

34

CUANDO SIENTES QUE ESTÁS PERDIENDO, ES CUANDO ESTÁS GANANDO.

2 Corintios 12:10 Por lo cual, por amor a Cristo me gozo en las debilidades, en afrentas, en necesidades, en persecuciones, en angustias; porque cuando soy débil, entonces soy fuerte.

El Apóstol Pablo nos enseñó que NO debemos vivir por lo que sentimos sino por la verdad que nos ha sido revelada. En Cristo somos más que vencedores (Romanos 8:37)

Este pasaje nos revela y enseña el lenguaje de la **FE,** el cual es llamar las cosas que no son como si ya existieran. Cuando te encuentras en debilidad, entonces debes hablar y declarar que eres fuerte en Cristo. Lo puedes ver? Si estás enfermo debes decir; **"estoy sano"** es el diseño que Dios estableció. El peor obstáculo que estas enfrentando, es el mejor escenario para Dios glorificarse. Nunca olvides que la muerte y la vida están en poder de la lengua...TU LENGUA! (Proverbios 18:21).

34

WHEN YOU FEEL THAT YOU ARE LOSING, IT IS WHEN YOU ARE WINNING.

2 Corinthians 12:10 Wherefore, for love of Christ I rejoice in weaknesses, in reproaches, in necessities, in persecutions, in distresses; because when I am weak, then I am strong.

The Apostle Paul taught us that we should NOT live by what we feel, but by the truth that has been revealed to us. In Christ, we are more than conquerors (Romans 8:37)

This passage reveals and teaches us the language of FAITH, which is to call things that are not as if they already existed. When you are in weakness, then you must speak and declare that you are strong in Christ. Can you see it? If you are sick you should say; **"I am healed"** is the design that God established. The worst obstacle you are facing is the best scenario for God to be glorified. Never forget that death and life are in the power of the tongue ... YOUR TONGUE! (Proverbs 18:21)

35

LA PROFUNDIDAD DE TU SUFRIMIENTO SOLO ANUNCIA EL ASCENSO DE TU VICTORIA.

2 Timoteo 2:12 Si sufrimos, también reinaremos con él;

La naturaleza nos brinda ejemplos de desarrollo y crecimiento que nos hacen reflexionar. Todo agricultor sabe que lo que se planta no crece inmediatamente sin importar cuanto se riegue o abone. El bambú japonés es un caso extraordinario que nos enseña una lección muy importante. Cuando se planta la semilla de bambú, ella no crece ese año y tampoco en el siguiente ya que el bambú japonés tarda siete años en salir a la superficie.

Durante esos siete años el bambú genera sus raíces y se carga de la fuerza que necesita para crecer. Después de ese periodo, el árbol crecerá 30 metros en solo 6 semanas. Le tomó 7 años fortalecerse y 6 semanas creciendo por encima de la superficie para llegar a su destino. A veces el no ver las cosas, termina fortaleciendo tu fe en medio de la profundidad de tu dolor. Pero te aseguro que si mantienes la Fe verás tu victoria!

35

THE DEPTH OF YOUR SUFFERING ONLY ANNOUNCES THE RISE OF YOUR VICTORY.

2 Timothy 2:12 If we suffer, we will also reign with him;

Nature gives us examples of development and growth that make us reflect. Every farmer knows that what is planted does not grow immediately no matter how much fertilizer or water is irrigated. Japanese bamboo is an extraordinary case that teaches us a very important lesson. When the bamboo seed is planted, it does not grow that year and not even the next, and the reason is that this Japanese bamboo takes seven years to surface.

During those seven years, the bamboo generates its roots and is loaded with the strength it needs to grow. After that period, the tree will grow 30 meters in just 6 weeks. It took 7 years to strengthen and 6 weeks to grow above the surface to reach its destination. Sometimes not seeing things ends up strengthening your faith in the midst of the depth of your pain. I assure you that if you keep your faith, your victory will manifest!

36

TODO LO PREMATURO CORRE EL PELIGRO DE ABORTARSE.

1 Samuel 13:11 Entonces Samuel dijo: ¿Qué has hecho? Y Saúl respondió: Porque vi que el pueblo se me desertaba, y que tú no venías dentro del plazo señalado, y que los filisteos estaban reunidos en Micmas,

Por lo general en la vida nos apresuramos y nos ponemos ansiosos si no logramos inmediatamente un objetivo. Muchas de nuestras metas requieren tiempo y dedicación. En la vida no todo tiene que florecer apresuradamente. A veces las cosas más hermosas de la vida requieren tiempo. El aprender a esperar es un don que debes desarrollar. Un bebe necesita tres trimestres para nacer saludable. La impaciencia puede llegar a influenciarle a abortar algo que todavía NO es el tiempo. El tiempo de Dios es una de las cosas más importantes.

Necesitas esperar el tiempo correcto para emprender ciertas cosas en Dios. Ya que muchas veces Dios se toma mucho más tiempo preparándote, que usándote. Espera y NO te adelantes!

36

EVERYTHING PREMATURE HAS THE RISK OF BEING ABORTED.

1 Samuel 13:11 Then Samuel said, What have you done? And Saul said Because I saw that the people were deserting me, and that you were not coming within the prescribed period, and that the Philistines were assembled in Michmash,

Usually, in life, we hurry and get anxious if we do not immediately achieve a goal. Many of our goals require time and dedication. In life, not everything has to flourish hastily. Sometimes the most beautiful things in life require time. Learning to wait is a gift that you must develop. A baby needs three trimesters to be born healthy. Impatience can influence you to abort something that is NOT yet time. God's time is one of the most important things. You need to wait for the right time to undertake certain things in God. Since many times God takes much more time preparing you, than using you. Wait and do not go ahead!

37

TU ESPOSA NO QUIERE COSAS TE QUIERE A TI.

Génesis 3:16 A la mujer dijo: Multiplicaré en gran manera los dolores en tus preñeces; con dolor darás a luz los hijos; y tu deseo será para tu marido, (tu voluntad será sujeta a tu marido). Y él se enseñoreará de ti.

Muchos estudiosos todavía se debaten entre si cuando Eva comió del fruto prohibido Adán estaba con ella o no. Soy de los que pienso que no estaba con ella, por la sencilla razón de que si veo a mi esposa en un peligro acerca de algo que Dios me ordenó de seguro que hubiera salido en su defensa, por eso pienso que es algo obvio. El matrimonio es un misterio (Efesios 5:31-32) por lo tanto debemos depender totalmente de Dios en orden para que funcione. Una sola persona por más potencial, inteligencia y habilidad que tenga jamás podrá procrear un bebe solo. Se necesita una relación para que eso ocurra. De la misma manera esa continua relación producirá el propósito para el cual Dios los hubo unido. Recuerda que el matrimonio en la escritura es comparado a Cristo y la iglesia. Por lo tanto entiende que tu pareja al tenerte a ti y no las cosas que le das, es lo que produce la mayor satisfacción.

37

YOUR WIFE DOESN'T WANT THINGS SHE WANTS YOU.

> Genesis 3:16 To the woman he said, I will greatly multiply the pains in your pregnancies; with pain, you will give birth to the children; and your wish will be for your husband, (you will be subject to your husband). And he will rule over you.

Many scholars are still debating each other when Eve ate the forbidden fruit if Adam was with her or not. I am one of those who I think he was not with her, for the simple reason that if I see my wife in danger about something that God ordered me to do, I would surely come to her defense, that is why I think it is obvious. Marriage is a mystery (Ephesians 5: 31-32) therefore we must totally depend on God in order for it to work. A single person with great potential, intelligence and ability it can never procreate a baby alone. A relationship is needed for that to happen. In the same way that continuing relationship will produce the purpose for which God had united them. Remember that marriage in scripture is compared to Christ and the church. Therefore, understand that your partner wants you, and not the things you can give. That's what produces the greatest satisfaction.

38

NO APARENTES ESTAR EN UN LUGAR QUE YA NO TE ENCUENTRAS.

1 Samuel 15:30 Y él dijo: Yo he pecado; pero te ruego que me honres delante de los ancianos de mi pueblo y delante de Israel, y vuelvas conmigo para que adore a Jehová tu Dios.

En el momento que entiendes que has pecado contra Dios, debes proceder lo más pronto que puedas al arrepentimiento genuino. Las apariencias pueden engañar a mucha gente pero NO a Dios. La sinceridad y la confianza de venir a Dios así como un hijo viene a su Padre, es esencial para que esa relación continúe creciendo. No te permitas a ti mismo vivir una doble vida cuando tienes la gracia y el favor de Dios de tu lado. Renuncia al orgullo y la opinión publica ya que lo que cuenta en esta vida es lo que Dios piensa de ti.

38

DO NOT PRETEND YOU ARE IN A PLACE THAT YOU ARE NO LONGER THERE.

1 Samuel 15:30 And he said, I have sinned; But please, honor me before the elders of my people and before Israel, and come back with me to worship the LORD your God.

The moment you understand you have sinned against God, you should proceed as soon as possible to genuine repentance. Appearances can deceive many people but NOT God. The sincerity and confidence to come to God as a son comes to his Father are essential for that relationship to continue to grow. Do not allow yourself to live a double life when you have the grace and favor of God on your side. Renounce pride and public opinion because what counts in this life, is what God thinks of you.

39

LA VERDAD ES UN DOLOR TEMPORAL, PERO ES LIBERACIÓN PERMANENTE.

Juan 8:32 y conoceréis la verdad, y la verdad os hará libres.

El dolor es el preámbulo de un nuevo nacimiento. En un embarazo, las contracciones anuncian el rompimiento de la fuente, y esta a su vez confirma que ha llegado la hora! Muchas veces la verdad es similar a las contracciones de un embarazo, ella produce dolor temporal pero luego manifiesta una cosecha permanente en el área que ha sido aplicada. Solo la verdad produce cambios permanentes en la vida del ser humano. Pídele al Espíritu Santo que te guíe a toda verdad y a toda justicia.

39

THE TRUTH IS TEMPORAL PAIN, BUT IT IS PERMANENT FREEDOM.

John 8:32 and you will know the truth, and the truth will set you free.

Pain is the preamble of new birth. In pregnancy, the contractions announce the breaking of the source, and this, in turn, confirms that the time has come! Many times the truth is similar to the contractions of pregnancy, it produces temporary pain but then manifests a permanent crop in the area that has been applied. Only the truth produces permanent changes in the life of the human being. Ask the Holy Spirit to guide you to all truth and to all righteousness.

40

HAY COSAS QUE NO PARECE QUE LAS TIENES... PERO LAS TIENES!

2 Corintios 4:7-9 Pero tenemos este tesoro en vasos de barro, para que la excelencia del poder sea de Dios, y no de nosotros, que estamos atribulados en todo, mas no angustiados; en apuros, mas no desesperados; perseguidos, mas no desamparados; derribados, pero no destruidos;

Existe un tesoro dentro de ti llamado el Espíritu Santo y es de un valor incalculable. No tienes que verlo ni siquiera sentirlo ya que cuando aceptaste a Cristo como tu único y exclusivo Salvador pasaste de muerte a vida, de tinieblas a la luz, de ser pecador a convertirte en santo (1 Pedro 2:9). Debes entender conforme a la escritura que te encuentras dotado de un gran tesoro llamado Cristo, el cual es la esperanza de gloria. Míralo de esta manera; Te has fijado que todo el tiempo, todo el día, y en toda ocasión te encuentras usando tus dos brazos y manos pero lo haces casi inconscientemente. Tus brazos y manos siempre están ahí, pero es solo cuando los necesitas que ellos están disponibles para ser usados. De la misma manera la fe y otros dones del Espíritu Santo solo están allí para cuando los necesites o para cuando la situación lo amerite. No necesitas verlos o sentirlos, solo usarlos!

40

THERE ARE THINGS THAT DO NOT SEEM THAT YOU HAVE THEM... BUT YOU HAVE THEM!

2 Corinthians 4: 7-9 But we have this treasure in earthen vessels, so that the excellence of the power is of God, and not of us, who are troubled in everything, but not in anguish; in trouble, but not desperate; persecuted, but not forsaken; knocked down, but not destroyed;

There is a treasure within you called the Holy Spirit and it is of incalculable value. You do not have to see it or even feel it because when you accepted Christ as your only and exclusive Savior you passed from death to life, from darkness to light, from being a sinner to becoming a saint (1 Peter 2: 9). You must understand according to the scripture that you are endowed with a great treasure called Christ, which is the hope of glory. Look at it this way; you have noticed that all the time, all day, and every time you find yourself using your two arms and hands but you do it almost unconsciously. Your arms and hands are always there, but it is only when you need them that they are available to be used. In the same way, the faith and other gifts of the Holy Spirit are only there for when you need them or for when the situation warrants it. You do not need to see or feel them, just use them!

41

PARA DIOS LLEVARTE A LA PROMESA, SERÁ NECESARIO QUE TUS HERMANOS TE VENDAN.

Génesis 37: 27 Venid, y vendámosle a los ismaelitas, y no sea nuestra mano sobre él; porque él es nuestro hermano, nuestra propia carne. Y sus hermanos convinieron con él.

La historia de José es una de las más fascinantes de la biblia. Él nunca hubiera llegado a su destino profético sin sus hermanos haberle vendido. Lo que parecía una maldición, un revés, una derrota, llego a ser el puente por el cual Dios le lleva a donde se supone debería estar. Hoy te pregunto; será posible que todo lo que está ocurriendo en este preciso momento en tu vida sea el Dios de José guiándote a tu destino profético? Muchas veces la traición, el rechazo y la soledad son los conductos por los cuales la palabra profética es cumplida! Confía en tu Dios. Él sabe lo que está haciendo!

41

FOR GOD TO TAKE YOU TO THE PROMISE, IT WILL BE NECESSARY FOR YOUR BROTHERS TO SELL YOU OUT.

Genesis 37: 27 Come, and let us sell him to the Ishmaelites, and let not our hand be upon him; because he is our brother, our own flesh. And his brothers agreed with him.

The story of Joseph is one of the most fascinating in the Bible. He would never have reached his prophetic destiny without his brothers had sold him. What seemed like a curse, a setback, a defeat, became the bridge by which God takes him where he was supposed to be. Today I ask you; will it be possible that everything that is happening at this precise moment in your life is nothing other than the God of Joseph guiding you to your prophetic destiny? Many times, betrayal, rejection, and loneliness are the conduits through which the prophetic word is fulfilled! Trust in your God. He knows what he is doing!

42

NUNCA TE ENAMORES DE LO QUE TENÍAS.

Génesis 19:26 Entonces la mujer de Lot miró atrás, a espaldas de él, y se volvió estatua de sal.

Uno de los errores que cometemos, es que muchas veces nos enamoramos de la manera **"en que"** Dios nos provee, en vez de enamorarnos de **"quien"** nos provee. Cuando Dios te llama a dejar algo bueno que tienes, de seguro es porque tiene en mente algo mucho mejor para tu vida. A veces pensamos que NO existe algo mejor que lo que tenemos y es ahí que erramos. Dios es perfecto y sabe que es lo mejor para nosotros, ya que es nuestro Padre y creador. Si el Señor te llama a salir de un lugar o dejar alguna cosa, mi consejo es. Hazlo! Recuerda; Lo que viene siempre será mejor de lo que se fue!

42

NEVER STAY IN LOVE
WITH WHAT YOU HAD.

Genesis 19:26 Then Lot's wife looked back, behind him, and became a pillar of salt.

One of the mistakes we make is that we often fall in love **"with"** the way God provides us, instead of falling in love with **"who"** provides us. When God calls you to leave something good, surely it is because He has something much better in mind for your life. Sometimes we think that there is NOT anything better than what we have, and that is why we erred. God is perfect and knows what is best for us since He is our Father and creator. If the Lord calls you to leave a place or leave something, my advice is, Do it! Remember; what will come will always be better than what it was!

43

EL NO PROMETIÓ SALVAR TU BARCA, PROMETIÓ SALVARTE A TÍ.

Hechos 27:22 Pero ahora os exhorto a tener buen ánimo, pues no habrá ninguna pérdida de vida entre vosotros, sino solamente de la nave.

Existen cosas en nuestra vida que deben ser destruidas para que no nos regresemos a un lugar donde el propósito de Dios ya NO está allí. Muchas veces en nuestras vidas Dios tendrá que cerrarnos el mar rojo para que no nos regresemos a Egipto, Entiendes? Creo que sí! Dios no está comprometido con nuestros caprichos, Él está comprometido con su propósito. Por lo tanto no importa lo que se pierda en el camino, entendamos que Él ha prometido guiarnos a toda verdad. Su plan es perfecto y nunca falla.

43

HE DID NOT PROMISE TO SAVE YOUR BOAT, HE PROMISED TO SAVE YOU.

Acts 27:22 But now I exhort you to have good courage, for there will be no loss of life among you, but only of the ship.

There are things in our lives that must be destroyed so that we do not return to a place where God's purpose is NOT there anymore. Many times in our lives God will have to close the red sea so that we do not return to Egypt, do you understand? I think so! God is not committed to our whims, He is committed to his purpose. Therefore, no matter what is lost along the way, let us understand that He has promised to guide us to all truth. His plan is perfect and never fails.

44

DEJA DE ENFOCARTE EN LO QUE PERDISTES, Y COMIENZA AVIVIR CON LO QUE TE QUEDA.

2 Samuel 12:19-20 Mas David, viendo a sus siervos hablar entre sí, entendió que el niño había muerto; por lo que dijo David a sus siervos: ¿Ha muerto el niño? Y ellos respondieron: Ha muerto. Entonces David se levantó de la tierra, y se lavó y se ungió, y cambió sus ropas, y entró a la casa de Jehová, y adoró. Después vino a su casa, y pidió, y le pusieron pan, y comió.

Llega un momento en nuestra vida donde debemos tomar la decisión de terminar con nuestro luto caprichoso y religioso. Mientras vivas pensando en lo que se fue, en lo que pudo haber sido, en cómo pudo haber sido, en lo que debió haber sido, nunca valorarás lo que en realidad te queda. Aquello que te queda siempre será mucho más importante de lo que perdiste. Cuando te re-enfocas en aquello que te queda y lo valorizas, entonces te posicionas para experimentar **un gran milagro**! Dios es el único que siempre podrá hacer más con menos, en tu vida.

44

STOP FOCUSING ON WHAT YOU LOST, AND BEGIN TO LIVE WITH WHAT YOU HAVE LEFT.

2 Samuel 12: 19-20 But David, seeing his servants speak among themselves, understood that the child was dead; for what David said to his servants: Has the child died? And they replied: He is dead. Then David rose up from the earth, and washed and anointed himself, and changed his clothes, and went into the house of the LORD, and worshiped. Then he came to his house, and asked, and they put bread on him, and he ate.

There comes a moment in our life where we must make the decision to end our capricious and religious mourning. As long as you live thinking about what was gone, what could have been, how it could have been, what it should have been, you will never value what you really have left. What you have left will always be much more important than what you lost. When you refocus on what you have left and value it, then you position yourself to experience a great miracle. God is the only one who can always do more with less, in your life.

45

NO TE PREOCUPES TANTO EN MANTENER TU IMAGEN, QUE PUEDAS TERMINAR PERDIENDO LA VIDA.

Mateo 27:5 Y arrojando las piezas de plata en el templo, salió, y fue y se ahorcó.

Una de las ataduras más fuertes que existen es la **"opinión pública"**. Jesús enseñó acerca de esto. La escritura enseña acerca de NO hacer nuestras obras para ser visto por los hombres de otra manera perderemos nuestra recompensa (Mateo 6:2). Las motivaciones por las cuales hacemos las cosas son de suma importancia. Pregúntate a ti mismo de vez en cuando y auto analízate del **"porque"** estoy haciendo lo que hago. Cuando vives tratando de llenar las expectativas de la gente, terminarás decepcionado y desilusionado ya que la gente cambia de opinión y de parecer a cada momento. Haz todo para agradar a Dios. En tu vida vas cometer errores, pero nunca eres el error que vas cometer. El arrepentimiento sincero es la única salida a cualquier situación en tu vida. Entonces no vivas en remordimiento por algo negativo que haya ocurrido en tu vida. Nunca olvides que Dios tiene una salida no importando cuan imposible se vea la situación. Solo debes refugiarte en Cristo. Arrepentimiento y NO remordimiento.

45

DO NOT WORRY ABOUT MAINTAINING YOUR IMAGE THAT YOU CAN END BY LOSING YOUR LIFE.

Matthew 27: 5 And throwing the pieces of silver into the temple, he went out, and went and hanged himself.

One of the strongest ties that exist is **"public opinion"**. Jesus taught about this. The scripture teaches about NOT doing our works to be seen by men otherwise we will lose our reward (Matthew 6:2). The motivations for which we do things are of the utmost importance. Ask yourself from time to time and self-analyze the **"why"** I am doing what I do. When you live trying to fulfill people's expectations, you will end up disappointed and disillusioned as people change their minds and appear at every moment. Do everything to please God. In your life, you will make mistakes, but you're never the mistake you make. Sincere repentance is the only way out of any situation in your life. So do not live in remorse for something negative that has happened in your life. Never forget that God has a way out no matter how impossible the situation looks. You just have to take refuge in Christ. Repentance and NOT remorse.

46

UN SILENCIO DE DIOS HABLA MÁS QUE MIL PALABRAS DE HOMBRES.

Salmo 37:7 Guarda silencio ante Jehová, y espera en él. No te alteres con motivo del que prospera en su camino, Por el hombre que hace maldades.

El silencio usualmente es un lenguaje de Dios el cual significa **"espera"**. Cuando Dios hace silencio también significa que aunque NO lo veas o sientas está obrando a tu favor.

Muchas veces tendemos cuestionar a Dios especialmente en relación a la prosperidad de los impíos y aquellos que no le sirven. La prosperidad de aquel que vive fuera del nuevo pacto de Dios en Cristo, es simplemente una ilusión temporera. Nosotros los que hemos aceptado a Cristo como nuestro único Salvador tenemos una riqueza eterna! Recuerda; Existe la imitación y existe lo verdadero. Nosotros tenemos lo verdadero. El silencio de Dios nunca significa su ausencia, sino que te encuentras tomando un examen. En un salón de clases el maestro NO habla, solo analiza cuanto has aprendido. Muéstrale que andas por fe y no por vista!

46

A SILENCE OF GOD
SPEAKS MORE
THAN A THOUSAND
WORDS OF MEN.

Psalm 37: 7 Keep silent before the Lord, and wait on him. Do not get upset because of the one who prospers in his way, For the man who does evil things.

Silence is usually a language of God, which means **"wait."** When God makes silence it also means that even if you DO NOT see it or feel it He is working in your favor.

Many times we tend to question God especially in relation to the prosperity of the ungodly and those who do not serve Him. The prosperity of those who live outside the new covenant of God in Christ is simply a temporary illusion. We who have accepted Christ as our only Savior have an eternal wealth! Remember; there is imitation and there is the truth. The silence of God never means his absence, but that you are taking an exam. In a classroom, the teacher DOES NOT talk, it only analyzes what you have learned. Show him that you walk by faith and not by sight!

47

HAY VECES QUE DIOS PERMITE UNA SITUACIÓN DIFÍCIL, PARA LUEGO RECOMPENSARTE POR HABERLO SOPORTADO.

Job 42:10 Y quitó Jehová la aflicción de Job, cuando él hubo orado por sus amigos; y aumentó al doble todas las cosas que habían sido de Job.

En una ocasión fui a un establecimiento de café y cuando me entregaron la orden me di cuenta que el café estaba frío y que llevaba mucho tiempo asentado. Ya me encontraba a punto de irme cuando entendí que no estaba bien el que me sirvieran un café que no estaba acabado de hacer. Cuando fui donde la señorita y se lo dije, de momento llegó la supervisora de turno y me preguntó que pasaba. Al dejarle saber todo con una buena actitud pero a la vez un poco decepcionado ella me dijo que no me fuera. Luego regreso con un café grande y fresco. Luego me entregó una tarjeta con crédito para comprar otros en el futuro completamente gratis! Que es lo que quiero decir? Que muchas veces Dios permitirá cosas que el NO ocasionó pero si las usará a favor tuyo. Jesús nos enseñó que en el mundo tendríamos aflicción pero que confiáramos ya que Él ha vencido al mundo (Juan 16:33). El que está con nosotros ya venció. Confía que en esa situación decepcionante Dios sacará algo bueno!

47

THERE ARE TIMES THAT GOD ALLOWS A DIFFICULT SITUATION, TO REWARD YOU FOR ENDURE THE SITUATION.

Job 42:10 And the LORD removed the affliction of Job, when he had prayed for his friends; and doubled all the things that had been Jobs.

On one occasion I went to a coffee shop and when I received the order I realized that the coffee was cold and that it had been sitting for a long time. I was about to leave when I realized that it was not okay to be served a coffee that was not fresh. When I went to the lady and told her, the supervisor on duty arrived and asked me what was going on. By letting her know everything with a good attitude but at the same time a little disappointed she told me not to leave. Then she returns with a big and fresh coffee. Then gave me a card with credit to buy others in the future completely free. What do I want to say? Many times God will allow things that he did NOT cause but he will use them in your favor. Jesus taught us that in the world we would have affliction but that we trusted because He has overcome the world (John 6:33). The one who is with us has already won. Trust that in that disappointing situation God will bring out something good!

48

MIRA A JESÚS.

Hebreos 12:2 puestos los ojos en Jesús, el autor y consumador de la fe, el cual por el gozo puesto delante de él sufrió la cruz, menospreciando el oprobio, y se sentó a la diestra del trono de Dios.

En muchas ocasiones en nuestra vida nos enfrentaremos a situaciones que contradicen todo aquello que Dios nos ha hablado. Si lo que te encuentras mirando en este momento de tu vida NO se parece a lo que Dios te prometió, entonces estas mirando una mentira. Aprende a creer NO lo que miras, sino la verdad que sabes. Pon tus ojos, atención y corazón en Jesús ya que cuando lo haces se abrirán tus ojos de la fe, los cuales ven solo lo que Dios ha prometido! Por fe andamos y NO por vista.

48

LOOK AT JESUS.

Hebrews 12: 2 looking to Jesus, the author, and finisher of the faith, who for the joy set before him suffered the cross, despising the reproach and sat down at the right hand of the throne of God.

Many times in our life we will face situations that contradict everything that God has spoken to us. If what you find yourself looking at this moment in your life DOES NOT look like what God promised you, then you are looking at a lie. Learn to believe NOT what you see, but the truth that you know. Put your eyes, attention, and heart on Jesus because when you do, your eyes of faith will be opened, which see only what God has promised! By faith, we walk and NOT by sight.

49

DIOS SIEMPRE NOS DA LO QUE LE PEDIMOS, PERO NUNCA LO HACE COMO PENSAMOS.

Efesios 3:20 Y a Aquel que es poderoso para hacer todas las cosas mucho más abundantemente de lo que pedimos o entendemos, según el poder que actúa en nosotros,

Dios tiene infinitas maneras de contestar nuestras peticiones. Nuestro Dios sabe cómo sorprendernos y producir alabanzas y adoración hacia Él. Esta escritura nos revela que lo que Dios está a punto de manifestar en tu vida será mucho más grande y especial de lo que esperas! Pero es según el poder que actúa en nosotros y ese poder se llama la palabra de Dios que produce fe (1 Tesalonicenses 2:13). Piensa en la palabra, habla la palabra, medita en la palabra, cree en la palabra y actúa en ella! Tu milagro sucederá!

49

GOD ALWAYS GIVES US WHAT WE ASK HIM, BUT HE NEVER DOES IT HOW WE THINK.

Ephesians 3:20 And to Him who is able to do all things much more abundantly than we ask or understand, according to the power that acts in us,

God has endless ways to answer our requests. Our God knows how to surprise us and produce praise and worship towards Him. This scripture reveals to us that what God is about to manifest in your life will be much bigger and special than you expect! But it is according to the power that acts in us and that power is called the word of God that produces faith (1 Thessalonians 2:13). Think of the word, speak the word, meditate on the word, believe in the word and act on it! Your miracle will happen!

50

CUANDO TE ATAQUEN CON PIEDRAS, ES LA SEÑAL INEQUÍVOCA QUE LOS CIELOS SE HAN ABIERTOS.

Hechos 7:55-58 Pero Esteban, lleno del Espíritu Santo, puestos los ojos en el cielo, vio la gloria de Dios, y a Jesús que estaba a la diestra de Dios, y dijo: He aquí, veo los cielos abiertos y al Hijo del Hombre en pie a la diestra de Dios.

Alguien dijo: Nadie le tira piedras a un árbol sin fruto. La razón por la cual los chicos en los barrios le tiran piedras a un árbol es para obtener su fruto. Las piedras deberían ser una buena señal para nosotros, dejándonos ver que lo que estamos haciendo está produciendo y bendiciendo a otros. En vez de irritarte deberías alegrarte! Las piedras podrían simbolizar comentarios en tu contra, chismes, calumnias, difamaciones y mentiras. La próxima vez que tengas conocimiento sobre algunas piedras en tu contra, entonces alégrate y gózate porque tu galardón es grande en los cielos. Y estos mismos cielos se encuentran abiertos a tu favor (Mateo 5:12). Caminas bajo cielos abiertos!

50

WHEN YOU ARE ATTACKED WITH STONES, IT IS THE SIGNAL THAT THE HEAVENS HAVE BEEN OPENED.

Acts 7: 55-58 But Stephen, filled with the Holy Spirit, set his eyes on heaven, saw the glory of God, and Jesus who was at the right hand of God, and said: Behold, I see the heavens opened and the Son of Man standing at the right hand of God.

Someone said: Nobody throws stones at a tree without fruit. The reason why boys in neighborhoods throw stones at a tree is to get its fruit. The stones should be a very good sign for us, that what we are doing is producing and blessing others. Instead of been irritated, you should be happy! The stones could symbolize comments against you, gossip, slander, defamation, and lies. The next time you find out about some stones against you, then rejoice and be happy because your reward is great in the heavens, and these very heavens are open to your favor (Matthew 5:12). You are walking under open heavens!

51

DIOS SIEMPRE PERMANECE FIEL AÚN ANTE TU INFIDELIDAD.

2 Timoteo 2:13 Si fuéremos infieles, él permanece fiel; Él no puede negarse a sí mismo.

Debes entender que el Nuevo Pacto en Cristo Jesús ya no depende de tu actuación para Dios cumplir con lo prometido. El nuevo requisito no es **"hacer"** sino **"creer"** en aquel que cumplió con las más de 600 leyes, mandamientos y preceptos del Antiguo Testamento. Su fidelidad ante tu infidelidad es lo que llamamos **"La Gracia de Dios"** el regalo inmerecido. Es Dios dándote aquello que NO te mereces y nunca merecerás, solo tienes que recibirlo por fe y no tratar de comprarlo con tus obras. Existen obras de fe, que son el producto de la obediencia de Cristo manifestada en nosotros. Por tanto acepta su regalo de fidelidad y no vivas pensando que su fidelidad depende de la tuya. En ninguna manera!

51

GOD ALWAYS REMAINS FAITHFUL EVEN IN YOUR INFIDELITY.

2 Timothy 2:13 If we are unfaithful, he remains faithful; He can not deny himself.

You must understand that the New Covenant in Jesus Christ no longer depends on your performance for God to fulfill what was promised. The new requirement is not "doing" but "believing" in the one who fulfilled the more than 600 laws, commandments, and precepts of the Old Testament. His fidelity to your infidelity is what we call "The Grace of God" the undeserved gift. It is God giving you that which you DO NOT deserve and you will never deserve, you only have to receive it by faith and not try to buy it with your works. There are works of faith, which are the product of the obedience of Christ manifested in us. Therefore accept your gift of fidelity and do not live thinking that His fidelity depends on yours. God forbid!

52

ES MEJOR NO TRATAR DE TENER LO QUE EL NO QUIERE DARTE.

Mateo 26:42 Otra vez fue, y oró por segunda vez, diciendo: Padre mío, si no puede pasar de mí esta copa sin que yo la beba, hágase tu voluntad.

La oración nos alinea con su perfecta voluntad. En la oración del Espíritu, este toma el control de lo que pedimos y nos re direcciona con su voluntad presente. Este pasaje bíblico es para mí la revelación de la oración más exacta e inteligente que puedes hacer. Esta oración es una de re direccionamiento y posicionamiento. Ora en el día de hoy; Padre que NO se haga como yo quiero sino como tú quieres...haz tu voluntad en mí! (Salmo 138:8).

52

IT IS BETTER NOT TO TRY TO HAVE, WHAT GOD DOES NOT WANT TO GIVE YOU.

Matthew 26:42 Again he went and prayed a second time, saying: My Father, if this cup can not pass from me without me drinking it, your will be done.

Prayer aligns us with his perfect will. In the prayer of the Spirit, he takes control of what we ask and redirects us with his will. This biblical passage is for me the most accurate and intelligent revelation of the prayer that you can do. This scripture is one of re-addressing and positioning. Pray today; Father does NOT give me as I want but as you want ... do your will in me! Psalm 138:8.)

53

TU PRUEBA NUNCA SERÁ MAYOR QUE TU BENDICIÓN.

Génesis 50:20 Vosotros pensasteis mal contra mí, mas Dios lo encaminó a bien, para hacer lo que vemos hoy, para mantener en vida a mucho pueblo.

Todo lo que parece en tu vida que viene para mal NO es otra cosa que nuestro Dios usándolo como un fertilizante para acelerarte a tu destino profético. Si los hermanos de José no lo llegan a lanzar a la cisterna y luego lo venden, José nunca hubiera llegado a Egipto donde posteriormente en la historia se convertiría en el segundo hombre más poderoso de Egipto. Entonces la lección es la siguiente; Todas las cosas que te rodean, todas las cosas que te suceden, solo están trabajando a tu favor o sea, para ayudarte a llegar donde Dios dijo te llevaría. El mal que te están haciendo ahora mismo… Dios lo encaminará a bien. Lo que soñaste se cumplirá!

53

YOUR TEST WILL NEVER BE GREATER THAN YOUR BLESSING.

Genesis 50:20 You thought evil against me, but God set it to good, to do what we see today, to keep many people alive.

Everything that seems in your life that comes for evil, is nothing other than our God using it as a fertilizer to accelerate your prophetic destiny. If Joseph's brothers do not throw him into the cistern and then sell him, Joseph would never have arrived in Egypt where later in history he would become the second most powerful man in Egypt. Then the lesson is as follows; All the things that surround you, all the things that happen to you are only working in your favor, that is to help you get where God said he would take you. The evil that you are facing right now God will turn it to good. What you had dreamed will manifest!

54

LAS PRUEBAS SOLO REVELAN LA CALIDAD DE TU MATERIAL.

1 Pedro 1:7 para que sometida a prueba vuestra fe, mucho más preciosa que el oro, el cual aunque perecedero se prueba con fuego, sea hallada en alabanza, gloria y honra cuando sea manifestado Jesucristo,

El único propósito de una prueba es revelar verdaderamente que aprendiste en el curso o en la clase. Es conocimiento en acción! Las situaciones en tu vida llegan para poner en práctica lo que aprendiste en teoría. Entonces esta es una buena oportunidad para poner en práctica lo que Dios te ha estado enseñando. Tienes el material de Cristo (Efesios 2:10) eres hechura suya. Por lo tanto fuiste diseñado para hacer lo imposible (Marcos 9:23) Saldrás de esa situación con una fe más preciosa que el oro!

54

THE TEST ONLY REVEAL THE QUALITY OF YOUR MATERIAL.

1 Peter 1: 7 that your faith may be tested, much more precious than gold, which though perishable is tried with fire, may be found in praise, glory, and honor when Jesus Christ is manifested,

The only purpose of a test is to truly reveal what you learned in the course or in the class. It's knowledge in action! The situations in your life come so you can put into practice what you learned in theory. So this is a good opportunity to put into practice what God has been teaching you. You have the material of Christ (Ephesians 2:10) you are his workmanship. Therefore you were designed to do the impossible (Mark 9:23). You will come out of that situation with faith more precious than gold!

55

QUIENES INTENTAN DESANIMARTE SOLO TRATAN DE IMPONER EN TI SUS PROPIAS LIMITACIONES.

Nehemias 2:19 Pero cuando lo oyeron Sanbalat horonita, Tobías el siervo amonita, y Gesem el árabe, hicieron escarnio de nosotros, y nos despreciaron, diciendo: ¿Qué es esto que hacéis vosotros? ¿Os rebeláis contra el rey?

Las relaciones en tu vida son como una pecera, muchas veces te limitan a crecer a la estatura que Dios predestinó para ti. Las águilas vuelan con las águilas, los soñadores caminan con soñadores. Busca la gente que cree, que sueñan, que no se amedrentan ante la adversidad y la oposición. La envidia y la burla de tus adversarios solo son evidencia de tu verdadera fe en acción. Cuando la oposición se presenta a tu vida, es porque estás produciendo un efecto, en otras palabras NO solo estás pisando...estás dejando huellas. No importa cuántos te hayan desanimado, cuantos te hayan herido y rechazado, o cuantos insultos hayas enfrentado, Dios te dio todo lo que necesitas para alcanzar tu destino. Ve y búscalo!

55

THOSE WHO TRY TO DISCOURAGE YOU ARE ONLY TRYING TO IMPOSE THERE OWN LIMITATIONS.

> Nehemiah 2:19 But when Sanballat the Horonite, Tobiah the servant, the Ammonite, and Geshem the Arabian, heard it, they mocked us, and despised us, saying, What is this thing that you do? Are you rebelling against the king?

The relationships in your life are like a fish tank, many times they limit you to grow to the stature that God predestined for you. Eagles fly with eagles, dreamers walk with dreamers. Look for people who believe, who dream, people who will not be intimidated by adversity or opposition. The envy and mockery of your adversaries are the only evidence of your true faith in action. When the opposition comes to your life, it is because you are producing an effect, in other words, you are NOT just waking you are leaving footprints. No matter how many have discouraged you, how many have hurt you and rejected you, or how many insults you have faced, God gave you everything you need to reach your destiny. Go for it!

56

LOS RETOS DEL PASADO SOLO TE PREPARAN PARA LAS VICTORAS DEL FUTURO.

1 Samuel 17:34-36 David respondió a Saúl: Tu siervo era pastor de las ovejas de su padre; y cuando venía un león, o un oso, y tomaba algún cordero de la manada, salía yo tras él, y lo hería, y lo libraba de su boca; y si se levantaba contra mí, yo le echaba mano de la quijada, y lo hería y lo mataba. Fuese león, fuese oso, tu siervo lo mataba; y este filisteo incircunciso será como uno de ellos, porque ha provocado al ejército del Dios viviente.

Tus batallas pasadas solo te preparan para tu conquista futura. En el reino de Dios nada se desperdicia, ni aun los momentos de luto, de dolor, de soledad y aun de injusticias. Todo es como un rompecabezas que se va formando hasta que la imagen es clara y perfecta. Las cosas que has atravesado te van preparando para eventos que llegarán a tu vida los cuales van a definir tu destino divino. En la vida de todo aquel que le sirve a Dios, llegará un momento donde el león y el oso solo fueron preparatorias para ver la victoria sobre Goliat. Estos personajes de David y Goliat solo significan la victoria de Cristo sobre el diablo, y que en Cristo Jesús fuimos preparados y dotados para vencer cualquier amenaza e intimidación de las tinieblas.

56

THE CHALLENGES OF THE PAST ONLY PREPARE YOU FOR THE VICTORIES OF THE FUTURE.

1 Samuel 17: 34-36 David answered Saul: Your servant was shepherd of his father's sheep; and when a lion came, or a bear, and took some lamb from the herd, I went after him, and struck him, and delivered him out of his mouth; and if he rose up against me, I would grab him by the jaw, and wound him and kill him. He was a lion, he was a bear, your servant killed him, and this uncircumcised Philistine will be like one of them because he has provoked the army of the living God.

Your past battles only prepare you for your future conquest. In the kingdom of God, nothing is wasted, not even moments of mourning, pain, loneliness, and even injustice. Everything is like a puzzle that is forming until the image is clear and perfect. The things you have gone through prepare you for events that will come to your life which will define your divine destiny. In the life of everyone who serves God, there will come a time when the lion and the bear were only a test, so you can see later the victory over Goliath. These characters of David and Goliath only mean the victory of Christ over the devil, and that in Christ Jesus we were prepared and equipped to overcome any threat and intimidation of darkness.

57

CUANDO DIOS ESTÁ A PUNTO DE ELEVARTE A UN NIVEL MÁS ALTO, TE ENFRENTARÁS A UN NIVEL MAYOR DE OPOSICIÓN.

Daniel 6:3-4 Pero Daniel mismo era superior a estos sátrapas y gobernadores, porque había en él un espíritu superior; y el rey pensó en ponerlo sobre todo el reino. Entonces los gobernadores y sátrapas buscaban ocasión para acusar a Daniel en lo relacionado al reino; mas no podían hallar ocasión alguna o falta, porque él era fiel, y ningún vicio ni falta fue hallado en él.

La envidia, la persecución y la acusación solo son la prueba inequívoca de la autenticidad de tu llamado. Existen señales que debes reconocer en tu caminar con Dios. La oposición casi siempre es el anuncio de una gran promoción. En la vida de Daniel había un espíritu superior y en la tuya también, se llama el Espíritu Santo.

Hay cosas en tu vida que puedes hacer naturalmente que otros tienen que irse a estudiar para poder lograr lo mismo. Se llaman dones y talentos impartidos por Dios para que puedas lograr lo que Él te llamó a hacer. Entonces hoy no te maravilles del fuego de prueba que te ha sobrevenido como si alguna cosa extraña te aconteciese (1 Pedro 4:12). No permitas que tus sátrapas y gobernadores te desenfoquen, ya que nadie puede detener el propósito y cumplimiento profético que está sobre tu vida.

57

WHEN GOD IS ABOUT TO RISE YOU TO A HIGHER LEVEL, YOU WILL FACE A GREATER LEVEL OF OPPOSITION.

Daniel 6: 3-4 But Daniel himself was superior to these satraps and governors because there was a superior spirit in him, and the king thought of putting it over the whole kingdom. Then the governors and satraps looked for an opportunity to accuse Daniel concerning the kingdom; but they could find no occasion or fault, because he was faithful, and no voice or fault was found in him.

Envy, persecution, and accusation are the unequivocal proof of the authenticity of your call. There are signs that you should recognize in your walk with God. The opposition is almost always the announcement of a great promotion. In Daniel's life, there was a higher spirit and in yours also, it is called the Holy Spirit. There are things in your life that you can do naturally that others have to go to school in order to achieve the same. They are called gifts and talents imparted by God so that you can achieve what He called you to do. So today do not marvel at the trial fire that has come upon you as if something strange were happening to you (1 Peter 4:12). Do not allow your satraps and governors to defocus you since no one can stop the prophetic purpose and fulfillment that is over your life.

58

EL TAMAÑO DE TU PROBLEMA REVELA LA PROMESA DE TU FUTURO.

1Samuel 17:25 Y cada uno de los de Israel decía: ¿No habéis visto a aquel hombre que ha salido? Él se adelanta para provocar a Israel. Al que le venciere, el rey le enriquecerá con grandes riquezas, y le dará su hija, y eximirá de tributos a la casa de su padre en Israel.

Tu fe siempre se elevará por encima de tus retos y obstáculos. Los problemas muchas veces se convierten en catapultas o trampolines que te impulsan al lugar donde Dios te quiere llevar. No importa el tamaño de tu problema, solo recuerda que si Dios te llevó allí es porque cargas dentro de ti el potencial de derribar cualquier obstáculo en tu camino. Aprende a creer NO en tus propias habilidades, pero si en quien cargas por dentro. A Cristo Jesus!

58

THE SIZE OF YOUR PROBLEM REVEALS THE PROMISE OF YOUR FUTURE.

1Samuel 17:25 And every one of the men of Israel said, Have you not seen the man who came out? He goes ahead to provoke Israel. To him who overcomes him, the king will enrich him with great riches, and he will give him his daughter, and he will exempt from tribute the house of his father in Israel.

Your faith will always rise above your challenges and obstacles. The problems often turn into catapults that propel you to the place where God wants to take you. No matter the size of your problem, just remember that if God took you there it is because you carry within you the potential to break down any obstacle in your path. Learn to believe NOT in your own abilities, but in who you have inside. Jesus Christ!

59

LOS MÁS GRANDES RETOS EN TU VIDA ESTÁN EN EL CAMINO PARA ASCENDERTE.

Daniel 3:29-30 Por tanto, yo decreto que todo pueblo, nación, o lengua, que dijere blasfemia contra el Dios de Sadrac, Mesac y Abed-nego, sea descuartizado, y su casa sea puesta por muladar; por cuanto no hay otro Dios que pueda librar como Éste.

Entonces el rey engrandeció a Sadrac, Mesac, y Abed-nego en la provincia de Babilonia.

Luego que pasas una gran prueba de fe en tu vida entonces queda cimentada una experiencia que marcará tu fe por el resto de tus días. Son estas mismas experiencias las que eventualmente se convierten en un punto de referencia para otros en el futuro. Las victorias en tu vida van marcando o dejando las huellas para los que vendrán después de ti. Los tres jóvenes hebreos no comprometieron sus principios y muchos menos su adoración. Tampoco comprometas la tuya!

59

THE GREATEST CHALLENGES IN YOUR LIFE ARE ON THE WAY TO ASCEND YOU.

Daniel 3: 29-30 Therefore, I decree that every people, nation, or language, which utters blasphemy against the God of Shadrach, Meshach, and Abednego, shall be dismembered, and his house shall be set up as a dunghill; because there is no other God who can deliver like this.

Then the king magnified Shadrach, Meshach, and Abednego in the province of Babylon.

After you go thru a great test in your life there will be an experience that will mark your faith for the rest of your days. It is these same experiences that eventually become a point of reference for others in the future. The victories in your life are marking or leaving the tracks for those who will come after you. The three young Hebrews did not compromise their principles and much less their worship. Do not compromise yours either!

60

PARA CUMPLIR TU DESTINO NO NECESITAS LO QUE OTROS TIENEN, SOLO LO QUE HAY DENTRO DE TI.

Jueces 6:14-16 Y mirándole Jehová, le dijo: Ve con esta tu fortaleza, y salvarás a Israel de la mano de los madianitas. ¿No te envío yo?

Entonces le respondió: Ah, Señor mío, ¿con qué salvaré yo a Israel? He aquí que mi familia *es* pobre en Manasés, y yo el menor en la casa de mi padre.

Y Jehová le dijo: Ciertamente yo seré contigo, y herirás a los madianitas como a un solo hombre.

La baja autoestima en muchos no los deja creer que fueron llamados para hacer proezas (Salmo 60:12) y cosas grandes (San Juan 14:12). Dios tiene la tendencia de llamar a miedosos para hacer cosas valientes, a los débiles para hacer cosas fuertes, a llamar al peor conductor para manejar su mejor automóvil. Lo que estoy tratando de decirte es que NO te descalifiques al mirar tus limitaciones. Al que Dios llama, Dios respalda, prepara y envía. Tienes todo lo que necesitas para cumplir con lo que Dios te llamó hacer.

60

TO FULFILL YOUR DESTINY YOU DO NOT NEED WHAT OTHERS HAVE, ONLY WHAT IS INSIDE YOU.

Judges 6: 14-16 And Jehovah looked at him and said to him, "Go with this your strength, and you will save Israel from the hand of the Midianites." I'm not sending you?

Then he said to him, "Oh, my Lord, with what will I save Israel? Behold, my family is poor in Manasseh, and I am the youngest in my father's house.

And the LORD said unto him, Surely I will be with thee, and thou shalt smite the Midianites as one man.

Low self-esteem in many people does not allow them to believe that they were called to do prowess (Psalm 60:12) and great things (John 14:12). God has a tendency to call the fearful to do brave things, the weak to do strong things, to call the worst driver to drive his best car. What I am trying to tell you is that you DO NOT disqualify yourself by looking at your limitations. Whom God calls, God supports, prepares and sends. You have everything you need to fulfill what God called you to do.

61

LA ADVERSIDAD ES EL PUENTE A TU PROMOCIÓN Y LUEGO A TU PROMESA.

Génesis 41:40-42 Tú serás sobre mi casa, y por tu palabra se gobernará todo mi pueblo: solamente en el trono seré yo mayor que tú.

Dijo más Faraón a José: He aquí yo te he puesto sobre toda la tierra de Egipto.

Entonces Faraón quitó el anillo de su mano, y lo puso en la mano de José, y le hizo vestir de ropas de lino finísimo, y puso un collar de oro en su cuello;

Los puentes fueron construidos para cruzar de un lugar geográfico a otro, de un territorio a otro, de un nivel a otro. Si José nunca llega a ser acusado y difamado entonces nunca hubiera llegado a ir preso. Si no hubiera llegado a ir preso, entonces nunca hubiera llegado conocer al copero, y por ende nunca hubiera llegado al palacio. Cada persona, que conoces en esta vida y cada adversidad se convierte en un puente para llevarte a algo mucho mayor de lo que soñaste o creíste. Se fiel en tu cárcel (lugar de prueba) continua sirviendo y dando lo mejor de ti, si lo haces… te sorprenderás de lo que tus ojos verán cuando salgas!

61

ADVERSITY IS THE BRIDGE TO YOUR PROMOTION AND THEN TO YOUR PROMISE.

Genesis 41: 40-42 Thou shalt be over my house, and by thy word all my people shall be ruled: only in the throne will I be greater than thou. And Pharaoh said to Joseph, Behold, I have set you over all the land of Egypt. Then Pharaoh removed the ring from his hand, and put it in Joseph's hand, and made him put on fine linen clothes, and put a gold chain around his neck;

The bridges were built to cross from one geographical location to another, from one territory to another, from one level to another. If Joseph never becomes accused and defamed then he would never be imprisoned. If he had not been imprisoned, then he would never have known the cupbearer, and therefore he would never have arrived at the palace. Every person you know in this life and every adversity becomes a bridge to take you to something much greater than you dreamed or believed. Be faithful in your prison (place of trial) continue to serve and give the best of you, if you do... you will be surprised what your eyes will see when you get out!

62

LA GRAN COMISIÓN SE LLEVA A CABO CON LOS PIES DE LOS QUE VAN.

Marcos 16:15-18 Y les dijo: Id por todo el mundo y predicad el evangelio a toda criatura.

El que creyere y fuere bautizado, será salvo; mas el que no creyere, será condenado.

Y estas señales seguirán a los que creen: En mi nombre echarán fuera demonios; hablarán nuevas lenguas;

tomarán serpientes; y si bebieren cosa mortífera, no les dañará; sobre los enfermos pondrán sus manos y sanarán.

Esta palabra nos llama como iglesia a la **"acción"** Si no vamos, si no salimos de las cuatro paredes, si no vamos a buscar al perdido entonces el mundo se perderá. Todos fuimos llamados a predicar conforme a esta escritura. Y no solamente a predicar, sino a manifestar las señales que acompañan a aquellos que llevan este poderoso evangelio! Tú eres uno de ellos. Sal y predica!

62

THE GREAT COMMISSION IS CARRIED OUT WITH THE FEET OF THOSE WHO GO.

Mark 16: 15-18 And he said to them, Go into all the world and preach the gospel to every creature.

He who believes and is baptized will be saved, but he who does not believe will be condemned.

And these signs will follow those who believe: In my name, they will cast out demons; they will speak new languages;

they will take serpents; and if they drink something deadly, it will not harm them; on the sick, they will lay their hands and they will heal.

This word calls us as a church to the "action" If we do not go, if we do not leave the four walls, if we do not go to look for the lost, then the world will be lost. We were all called to preach according to this scripture. And not only to preach but to manifest the signs that accompany those who carry this powerful gospel! You're one of them. Go out and preach!

63

TUS MAYORES VICTORIAS NO ESTÁN EN TU PASADO, SE ENCUENTRAN EN TU FUTURO.

Filipenses 3:13-14 Hermanos, yo mismo no pretendo haberlo ya alcanzado; pero una cosa *hago*: olvidando ciertamente lo que queda atrás, y extendiéndome a lo que está adelante, prosigo al blanco, al premio del supremo llamamiento de Dios en Cristo Jesús.

Nunca podrás extenderte a lo que tienes en frente, hasta que decidas quitar tu mirada de lo que quedó atrás. Cuando decides creer que lo que viene será mejor de lo que se fue, entonces Dios te re direccionará al lugar correcto con las personas correctas para el propósito correcto. Debes creer con expectación que algo bueno y mejor se acerca a tu vida! Dios se encargará que lo que perdiste NO sea lo mejor que tuviste. Algo bueno va a suceder!

63

YOUR GREATEST VICTORIES ARE NOT IN YOUR PAST, THEY ARE IN YOUR FUTURE.

Philippians 3: 13-14 Brothers, I myself do not pretend to have already reached it; but one thing I do: forgetting what is left behind, and extending to what is ahead, I press the target, to the prize of the supreme call of God in Christ Jesus.

You can never extend to what you have in front until you decide to take your gaze away from what was left behind. When you decide to believe that what is coming will be better than what it was, then God will redirect you to the right place with the right people for the right purpose. You must believe with the expectation that something good and better approaches to your life! God will take care that what you lost is NOT the best you had. Something good is going to happen!

64

TUS OJOS VERÁN HOY LO QUE TUS OÍDOS ESCUCHARON AYER.

Romanos 10:17 Así que la fe *viene* por el oír, y el oír, por la palabra de Dios.

El ver muchas veces es el resultado de haber oído. Lo que escuchas es muy importante ya que forma la manera en que crees las cosas o dejas de creerlas. Puedes vivir escuchando las malas noticias de los canales de televisión o puedes vivir escuchando las promesas del cielo. Necesitas la fe de Dios para poder vencer en estos tiempos (1 Juan 5:4). Lo que Dios te prometió debes mantenerlo en tus oídos en todo tiempo, declararlo y esperarlo con toda seguridad, ya que esa es la fe que vence. Llama las cosas que no son como si ya existieran y la biblia te garantiza que tus ojos lo verán.

64

YOUR EYES WILL SEE TODAY WHAT YOUR EARS LISTENED YESTERDAY.

Romans 10:17 So faith comes by hearing, and hearing, by the word of God.

Seeing many times is the result of having heard. What you hear is very important because it shapes the way you believe things or stop believing them. You can live listening to the bad news of the television channels or you can live listening to the promises of heaven. You need the faith of God to be able to overcome in these times (1 John 5: 4). What God promised you, keep it in your ears at all times declare it and hope for it with complete certainty, since that is the faith that overcomes. Call the things that are not as if they already existed and the Bible guarantees that your eyes will see it.

65

DIOS SABE COMO INTERRUMPIR TU VIDA PARA QUE CAMBIES TUS PRIORIDADES.

Génesis 22:1-2 Y aconteció después de estas cosas, que probó Dios a Abraham, y le dijo: Abraham. Y él respondió: Heme aquí.

Y dijo: Toma ahora tu hijo, tu único, Isaac, a quien amas, y vete a tierra de Moriah, y ofrécelo allí en holocausto sobre uno de los montes que yo te diré.

Muchas veces Dios nos prueba con el único propósito de que conozcamos nuestros propios motivos, intenciones y prioridades. Muchas veces nos enamoramos del reino y nos olvidamos del Rey. Nos enamoramos de las bendiciones y no del que bendice. La escuela de la vida consiste en Dios permitir situaciones que muchas veces nos empujan o hasta a veces nos obligan a ir en el camino correcto. Nuestro Padre está enseñándonos en todo tiempo, en medio de toda situación, de todo problema y hasta en medio de toda crisis que pueda llegar a nuestras vidas. Las interrupciones de Dios son la mejor cosa que te puede llegar a pasar porque te está diciendo; **"te amo demasiado para dejarte así"**. La comodidad muchas veces mata lo profético, por lo tanto pídele a Dios que interrumpa las áreas ciegas, cómodas y estancadas de tu vida. Dios no te trajo tan lejos para matarte sino para prepararte!

65

GOD KNOWS HOW TO INTERRUPT YOUR LIFE SO THAT YOU CAN CHANGE YOUR PRIORITIES.

Genesis 22: 1-2 And it came to pass after these things, that God tested Abraham, and said unto him, Abraham. And he replied: Here I am.

And he said: Take now your son, your only one, Isaac, whom you love, and go to the land of Moriah, and offer him there as a burnt offering on one of the mountains that I will tell you.

Many times God tests us for the sole purpose of knowing our own motives, intentions, and priorities. Many times we fall in love with the kingdom and we forget the King. We fall in love with the blessings and not with the one who blesses. The school of life consists of God allowing situations that often push us or even sometimes force us to go in the right direction. Our Father is teaching us at all times, in the midst of every situation, of every problem and even in the midst of any crisis that may come to our lives. God's interruptions are the best thing that can happen to you because He is telling you; **"I love you too much to leave you in the same way."** Comfort often kills the prophetic, therefore ask God to interrupt the blind spots, the comfortable and stagnant areas of your life. God did not bring you so far to kill you, but to prepare you!

66

JESUS ES LA PUERTA EL RESTO SON PAREDES.

Juan 10:7 Volvió, pues, Jesús a decirles: De cierto, de cierto os digo: Yo soy la puerta de las ovejas.

Un gran hombre de Dios y amigo dijo en una ocasión que **"Dios cierra más puertas de las que abre"**. De hecho si vives tocando una puerta y no se abre es porque NO es la tuya. Cuando llegas al propósito, al lugar que Dios ha preparado para ti entonces esas puertas se abren por si solas y no tienes que forzarlas. Piensa en lo siguiente; "Si Dios tuvo el poder de sacarte del pecado, del mundo y de la maldición sin tu ayuda, (o sea no estabas adorando allí, ni orando, ni estabas consagrándote y mucho menos en santidad) y te trajo a donde te encuentras ahora. No piensas que Él tiene el poder de sacarte de donde te encuentras ahora y llevarte a donde se supone que debas estar? Recuerda: Jesús no solo conoce la ruta...Él es la ruta!

66

JESUS IS THE DOOR THE REST ARE WALLS.

John 10: 7 Then said Jesus unto them again, Verily, verily, I say unto you, I am the door of the sheep.

A great man of God and friend once said that **"God closes more doors than he opens"**. In fact, if you knock on a door and it doesn't open, is because it is NOT yours. When you reach the purpose, the place that God has prepared for you, then those doors open by themselves and you do not have to force them. Think of the following; "If God had the power to get you out of sin, the world and the curse without your help, (that is, you were not worshiping there, nor praying, or being consecrated and much less in holiness) and brought you to where you are now. Don't you think He has the power to get you out of where ever you are now and take you where you are supposed to be? Remember: Jesus does not only knows the route ... He is the route!

67

PODRÁS ESCOGER EL PECADO PERO NO LAS CONSECUENCIAS.

Hebreos 10:26-27 Porque si pecáremos voluntariamente después de haber recibido el conocimiento de la verdad, ya no queda más sacrificio por el pecado, sino una horrenda expectación de juicio y hervor de fuego que ha de devorar a los adversarios.

El abusar de la gracia o el tomar ventaja de la libertad que Dios nos ha dado es solo engañarnos a nosotros mismos. Si piensas que puedes pecar voluntariamente aun cuando el Espíritu Santo te ha dado la capacidad y las fuerzas para resistir ciertos pecados entonces vives engañado. El regalo inmerecido de la gracia NO fue dado para pecar más, sino para vivir libre del pecado. El pecado tiene consecuencias, pero la gracia de Dios se trata de eso mismo, darte lo que NO te mereces. Valoriza el regalo de la gracia, no importando tus faltas, pecados y debilidades, esta te sostendrá y te librará aun de consecuencias que se supone llegarían a tu vida. Gracias Dios por la gracia!.

67

YOU CAN CHOOSE SIN BUT NOT THE CONSEQUENCES.

Hebrews 10: 26-27 For if we sin willfully after having received the knowledge of the truth, there is no longer any sacrifice for sin, but a horrendous expectation of judgment and the fury of fire that must devour the adversaries.

Abusing grace or taking advantage of the freedom that God has given us is only fooling ourselves. If you think that you can sin voluntarily even though the Holy Spirit has given you the ability and the strength to resist a certain sin then you live deceived. The unmerited gift of grace was NOT given to sin more, but to live free from sin. Sin has consequences, but the grace of God is about that same thing, giving you what you DO NOT deserve. Value the gift of grace, no matter your faults, sins, and weaknesses, this will sustain you and deliver you even of consequences that are supposed to come to your life. Thank you, God, for your grace!

68

CAMINAR EN UNA NUEVA TEMPORADA CON UNA VIEJA MENTALIDAD, SIEMPRE SERA IGUIAL A UNA OPORTUNIDAD MALGASTADA.

Lucas 5:37 Y nadie echa vino nuevo en odres viejos; de otra manera el vino nuevo romperá los odres, y el vino se derramará, y los odres se perderán.

La renovación de nuestra mente es una de las decisiones más importantes que podemos tomar. De otra manera nos encontraremos en nuevos lugares en Dios operando con una mente o programa viejo. Me explico; Una computadora o un artefacto electrónico como los teléfonos celulares inteligentes, necesitan cada cierto tiempo actualizarse a lo que los manufactureros han estado descubriendo, sea para el mejor funcionamiento o para proteger el artefacto e información privada de los piratas informáticos o los llamados **"hackers"**. Para aquellos que se encuentran escuchando en la frecuencia del Espíritu Santo descubrirán que todos los días Dios habla, dirige y revela. Debes estar disponible y accesible a la voz de Dios sea por la escritura o directamente por medio de su voz en tu interior. Puedes renovarte al tomar tiempo para cantar, adorar, estudiar la escritura y meditar en ella, también al llegar al templo, congregarte y escuchar la palabra de Dios predicada. De todas estas que he mencionado la meditación en la palabra de Dios es una de las formas más poderosas de renovación. Renuévate y serás actualizado a lo que Dios no solo hizo en el pasado, sino en lo que está haciendo en tu vida en este preciso momento.

68

WALKING IN A NEW SEASON WITH AN OLD MENTALITY, IT WILL ALWAYS BE EQUAL TO A WASTED OPPORTUNITY.

Luke 5:37 And no one puts new wine into old wineskins; otherwise the new wine will break the wineskins, and the wine will be spilled, and the wineskins will be lost.

The renewal of our mind is one of the most important decisions we can make. Otherwise, we will find ourselves in new places in God operating with an old mind or (program). Let me explain; A computer or an electronic device such as smart cell phones, need to be updated every so often to what manufacturers have been discovering, either for the best performance or to protect the artifact and private information from hackers. For those who are listening in the frequency of the Holy Spirit will discover that every day God speaks, directs and reveals. You must be available and accessible to the voice of God either through scripture or directly through His voice within you. You can renew yourself by taking time to worship, study the scripture and meditate on it, also when you arrive at the temple, gather or hear the word of God preached. From all these, a meditation on the word of God is one of the most powerful forms of renewal. Renew yourself and you will be updated to what God not only did in the past but in what He is doing in your life at this precise moment.

69

TU GOLIAT FUE DISEÑADO PARA PROMOVERTE.

1Samuel 17:25 Y cada uno de los de Israel decía: ¿No habéis visto aquel hombre que ha salido? Él se adelanta para provocar a Israel. Al que le venciere, el rey le enriquecerá con grandes riquezas, y le dará su hija, y eximirá de tributos a la casa de su padre en Israel.

El quitarse una prenda (ropa) personal y entregarlo a otra persona en la escritura, muchas veces era un símbolo de pacto o transferencia espiritual. Si ha estudiado la biblia se dará cuenta que aun en el nuevo testamento los apóstoles enviaban sus pañuelos o parte de ropas que habían tenido contacto con ellos. Nos revela la escritura que los enfermos y endemoniados eran sanados. Esto todavía está activo y latente dentro de la iglesia del Señor. El traspaso de ropas o prendas es el preámbulo a un gran reto y ese reto es el puente a una promoción y esa promoción va exponerte a tu lugar de destino divino. Cuando Dios te expone a un

Goliat (problema, reto, amenaza) siempre será porque ya cargas con todo lo necesario para vencer y sobrepasar cualquier circunstancia que ponga en peligro tu vida y la de los tuyos. David venció a Goliat NO con la ropa (armadura) que Saúl quiso ponerle sino con la ropa que siempre había llevado, la que le compró su padre. Hoy te invito que cambies tu perspectiva hacia los problemas. En vez de mirarlos como un peligro, míralos como una oportunidad para ser promovido!

69

YOUR GOLIAT
WAS DESIGNED TO
PROMOTE YOU.

1Samuel 17: 25 And the men of Israel said, Have ye seen this man that is come up? surely to defy Israel is he come up: and it shall be, that the man who killeth him, the king will enrich him with great riches, and will give him his daughter, and make his father's house free in Israel.

Removing a personal garment (clothing) and delivering it to another person in writing was often a symbol of covenant or spiritual transfer. If you have studied the Bible you will find that even in the New Testament the apostles sent their handkerchiefs or part of the clothes they had had contact with them. It reveals to us the scripture that the sick and demonized were healed. This is still active and dormant within the Lord's church. The transfer of clothes or garments is the preamble to a great challenge and that challenge is the bridge to the promotion and that promotion will expose you to your place of divine destiny. When God exposes you to a Goliath (problem, challenge, threat) it will always be because you already carry everything you need to overcome and surpass any circumstance that endangers your life and that of yours. David beat Goliath NOT with the clothes (armor) that Saul wanted to put on him but with the clothes he had always worn, the ones his father bought for him. Today I invite you to change your perspective towards problems. Instead of looking at them as a danger, look at them as an opportunity to be promoted!

70

TUS PROBLEMAS PRESENTES SE CONVERTIRÁN EN TUS HERRAMIENTAS FUTURAS

2 Corintios 12:9-10 y me ha dicho: Bástate mi gracia; porque mi poder se perfecciona en la debilidad. Por tanto, de buena gana me gloriaré más bien en mis debilidades, para que habite en mí el poder de Cristo.

Por lo cual me gozo en las debilidades, en afrentas, en necesidades, en persecuciones, en angustias por *amor a* Cristo; porque cuando soy débil, entonces soy poderoso.

Todo en tu vida es una preparación. Debes saber que Dios muchas veces se toma más tiempo en prepararte que eventualmente en usarte. Para los que aman a Dios todo lo que ocurre en su vida está siendo usado a su favor (Romanos 8:28). Cada situación por la cual atravesamos nos brinda una nueva herramienta que no teníamos antes. Entonces existen cosas en tu vida que Dios no las va a remover. Si lo hiciera sería más el daño que el beneficio. Posiblemente te encuentres pidiéndole a Dios que remueva situaciones de tu vida, gente de tu vida o aun hábitos ocultos. Descansa en la gracia de Dios y no vivas auto condenándote, presionándote y tratando toda la vida de cambiarte a ti mismo, ya que de seguro te vas a desilusionar. Confía que el Dios que te llamó, te cambiará, preparará y te usará a su debido tiempo.

70

YOUR PRESENT PROBLEMS WILL BECOME YOUR FUTURE TOOLS.

2 Corinthians 12: 9-10 and told me: My grace is sufficient for you; because my power is perfected in weakness. Therefore, I will gladly glory more in my weaknesses, so that the power of Christ may dwell in me.

Therefore I rejoice in weaknesses, in insults, in needs, in persecutions, in anguish for the love of Christ; because when I am weak, then I am powerful.

Everything in your life is preparation. You should know that God often takes more time to prepare you than to eventually use you. For those who love God, everything that happens in his life is being used in his favor (Romans 8:28). Each situation we go through gives us a new tool that we did not have before. Then there are things in your life that God is not going to remove, if it did, it would be more harm than benefit. You may find yourself asking God to remove situations from your life, people from your life or even hidden habits. Rest in the grace of God and do not live self-condemning yourself, pressing yourself and trying all your life to change yourself, since you will surely be disappointed. Trust that the God who called you will change you, prepare you and use you in due time.

71

FUISTE DISEÑADO PARA PRODUCIR LO QUE MEDITAS.

Josué 1:8 Este libro de la ley nunca se apartará de tu boca, sino que de día y de noche meditarás en él, para que guardes y hagas conforme a todo lo que en él está escrito; porque entonces harás prosperar tu camino, y todo te saldrá bien.

El resultado de **"guardar"** y **"hacer"** proviene de haber estado constantemente en contacto con la palabra de Dios de día y de noche, lo que nos da a entender que debe ser a tiempo completo y no parcial. De hecho las personas que trabajan secularmente a tiempo parcial, rara vez tienen los beneficios de la compañía. Los beneficios son para gente de tiempo completo, o sea para personas que se han comprometido con dar lo mejor de sus habilidades y sobre todo su tiempo. Tú vida casi siempre se moverá en la dirección de tus más predominantes pensamientos. Eres lo que piensas y meditas constantemente. Pon la palabra de Dios en este día en tu boca, ora la palabra, medita la palabra, confiesa la palabra, profetiza la palabra y de seguro verás como todo comienza a alinearse con las promesas de Dios para tu vida. La prosperidad de esta palabra va comenzar a germinar y producir para ti y para los tuyos. Prepárate para prosperar!

71

YOU WERE DESIGNED TO PRODUCE WHAT YOU MEDITATE.

Joshua 1: 8 This book of the law shall never depart from your mouth, but you shall meditate on it day and night, so that you may keep and do according to all that is written in it; for then you will prosper your way, and everything will turn out well for you.

The result of "keeping" and "doing" comes from having contact with the Word of God day and night, which gives us the understanding that it must be full time and not part-time. In fact, people who work secularly part-time, rarely have the benefits of the company. The benefits are for full-time people, that is, for people who have committed themselves to give the best of their abilities and especially their time. Your life will always move in the direction of your most predominant thoughts. You are what you think and meditate constantly. Put the word of God on this day in your mouth, pray the word, meditate on the word, confess the word, and prophesy the word and you will surely see how everything begins to align with the promises of God for your life. The prosperity of this word will begin to germinate and produce for you. Prepare to prosper!

72

CUIDADO A QUIEN PISAS AL SUBIR PORQUE QUIZÁS TE LO ENCUENTRES AL BAJAR.

1Samuel 24:2-4 Y tomando Saúl tres mil hombres escogidos de todo Israel, fue en busca de David y de los suyos, por las cumbres de los peñascos de las cabras monteses.

Y llegó a un redil de ovejas en el camino, donde *había* una cueva, y entró Saúl *en ella* para cubrir sus pies; y David y sus hombres estaban en los rincones de la cueva.

Entonces los de David le dijeron: He aquí el día que te ha dicho Jehová: He aquí que entregó tu enemigo en tus manos, y harás con él como te pareciere. Y se levantó David, calladamente cortó la orilla del manto de Saúl.

Saúl tomó ventaja y deshonró su autoridad como rey de Israel. Es lo que llamamos un abusador o en ingles se le llama un "bully". La envidia es uno de los pecados más tóxicos y más destructivos que existen sobre la faz de la tierra. Lo podemos ver en Abel y Caín, y en muchos otros ejemplos de la escritura. La envidia siempre te lleva a tratar de matar o hacer daño a personas más dotadas que tú pero que nunca fueron tus enemigos, solo fueron enviados a bendecirte. Todo lo que siembres en otras personas es exactamente lo que verás en tu futuro ocurriendo en tu propia vida. Por esa misma razón Jesús nos mandó a bendecir a los que nos maldicen (Lucas 6:28) ya que en la vida de un verdadero cristiano no hay cabida para la envidia, el resentimiento ni el odio. El ejemplo más grande jamás mostrado a la humanidad ocurrió cuando nuestro Salvador Jesucristo siendo azotado herido y crucificado dijo; **"Padre perdónalos porque no saben lo que hacen"** (Lucas 23:34). Mi consejo es el siguiente...ve y haz lo mismo!

72

WATCH WHO YOU STEP OVER ON YOUR WAY UP, BECAUSE YOU MAY MEET THEM AGAIN ON YOUR WAY DOWN.

1Samuel 24: 2-4 And Saul took three thousand chosen men out of all Israel, and went in search of David and his men, and the tops of the rocks of the wild goats.

And he came to a sheepfold on the way, where there was a cave, and Saul went in to cover his feet; and David and his men were in the corners of the cave.

Then David's men said to him, "Behold, the day that the Lord has told you: Behold, you have delivered your enemy into your hands, and you will do to him as you see fit. And David arose, and quietly cut off the edge of Saul's robe.

Saul took advantage and dishonored his authority as king of Israel. It is what we call an abuser or a "bully".

Envy is one of the most toxic and destructive sins that exist on the face of the earth. We can see it in Abel and Cain, and in many other examples in scripture. Envy always leads you to try to kill or harm people more gifted than you, but not knowing they were never your enemies, they were only sent to bless you. Everything you sow in other people is exactly what you will see in your future happening in your own life. For that very reason, Jesus commanded us to bless those who curse us (Luke 6:28) since in the life of a true Christian there is no room for envy, resentment or hatred. The greatest example ever shown to humanity occurred when our Savior Jesus Christ being scourged wounded and crucified said; "Father forgive them because they do not know what they are doing" (Luke 23:34). My advice is this: go and do the same!

73

CUANDO ALGUIEN SE SALE DE LA FILA PROVOCA QUE EL QUE PERMANECE AVANCE.

1Samuel 15:27-28 Y volviéndose Samuel para irse, él asió el borde de su manto, y *éste* se rasgó. Entonces Samuel le dijo: Jehová ha rasgado hoy de ti el reino de Israel, y lo ha dado a un prójimo tuyo *que es* mejor que tú.

Debes regocijarte de las bendiciones de tus hermanos y de las personas alrededor tuyo. Cuando puedo gozarme de la victoria de otro, estoy reconociendo que soy el próximo en línea para ser promovido. Es una señal inequívoca de que la envidia ya no vive en ti. Es como una fila cuando estabas en la escuela primaria, que existían unas fuentes de agua donde todo el mundo llegaba a la hora de almuerzo. A veces estas filas eran interminables. Si te acuerdas bien a veces la fila era tan larga que llegaste a pensar en salirte de ella y regresar luego, pero lo único que te mantuvo en esa larga fila fue el nivel de sed que traías! Si recuerdas bien muchos que se encontraban primero que tú en la fila optaron por salirse y cuando esto ocurrió provocó que tu avanzaras al destino el cual era la fuente de agua. David estuvo en la fila esperando hasta que el rey Saúl fue desechado y muerto. Entonces la fila se movió y él fue llamado a beber del llamado que esperaba, por su paciencia y perseverancia.

73

WHEN SOMEONE LEAVES THE ROW, IT CAUSES THAT THE ONE THAT REMAINS GETS CLOSER.

1Samuel 15: 27-28 And when Samuel turned to go, he seized the hem of his robe, and it tore. Then Samuel said to him, "The LORD has torn the kingdom of Israel from you today, and has given it to a neighbor of yours who is better than you.

You must rejoice in the blessings of your brothers and the people around you. When I can enjoy the victory of another, I am recognizing that I am the next in line to be promoted. It is an unmistakable sign that envy no longer lives in you. It's like a row when you were in elementary school, there were some water fountains where everyone came at lunchtime. Sometimes these lines were endless. If you remember well sometimes the line was so long that you got to thinking about getting out of the line and coming back later, but the only thing that kept you in that long line was the level of thirst you were bringing! If you remember well many who were first then you in the row, chose to leave and when this happened it caused you to advance to the destination which was the water. David was in line waiting until King Saul was discarded and killed. Then the line moved and he was called to drink from the calling that awaited him for his patience and perseverance.

74

ESTAS MUY CERCA PARA RENDIRTE AHORA.

Gálatas 6:9 No nos cansemos, pues, de hacer el bien, porque a su tiempo segaremos si no desmayamos.

Una de las estrategias del enemigo es hacerte pensar que nunca verás lo que Dios te prometió porque; **"no te lo mereces, no estás orando lo suficiente, no diezmas, le has fallado demasiado a Dios y otras grandes mentiras que muchos cristianos se las creen"**. Por tanto se rinden o se resignan a solo sobrevivir en esa situación. Un corredor de maratón para llegar a la meta no necesita velocidad, solo necesita resistencia. Si se da cuenta aun los alpinistas, aquellos que escalan grandes montañas en el mundo reconocen que cuando comienzan a cansarse es la señal inequívoca que se encuentra muy cerca de la cima. Lo mismo ocurre con el corredor de maratón, cuando ya se encuentra a solo unas millas de la meta el cansancio y la fatiga comienza a decirle que se rinda. En este tipo de carrera puede que necesites reducir la velocidad, pero nunca rendirte, nunca detenerte. Si en estos momentos te encuentras en tu carrera sintiendo los síntomas de fatiga y cansancio recuerda que no es del todo una mala señal, es todo lo contrario. Te está profetizando que te encuentras más cerca de lo que piensas! Saca tu segundo aire y empuja con intensidad tu fe, declara todo lo puedo en Cristo que me fortalece, yo y mi casa serviremos a Jehová, el que está conmigo es mayor que el que está en el mundo. Recuerda; "estas demasiado cerca para rendirte ahora" Oro y declaro en el nombre de Jesús que llegarás!

74

YOU ARE TO CLOSE TO SURRENDER NOW.

Galatians 6: 9 Let us not become weary in doing good, for in due season we will reap if we do not lose heart.

One of the strategies of the enemy is to make you think that you will never see what God promised you because **"you don't deserve it, you are not praying enough, you do not tithe, you have failed too much to God and other great lies that many Christians believe it".** Therefore they surrender or resign themselves to just survive in that situation. A marathon runner to reach the finish line does not need speed, it only needs resistance. Even mountain climbers, who climb great mountains in the world recognize that when they begin to get tire it is the unmistakable sign that is very close to the top. The same happens with the marathon runner when he is already only a few miles from the finish line fatigue and tiredness begins to tell him to quit. In this type of race you may need to slow down, but never give up, never stop. In these moments if you are in a race feeling the symptoms of fatigue and tiredness, remember that it is not a bad sign at all, it is the opposite. It is prophesying that you are closer than you think! Take your second air and push your faith with intensity, declare that I can do all things in Christ who strengthens me, my house will serve God, The one who is with me is greater than he who is in the world. Remember; "You're too close to give up now"

I pray and declare in the name of Jesus that you will get there!

75

DIOS NUNCA SE AJUSTA A LOS SENTIMIENTOS DE TU CORAZÓN, SOLO ESTÁ COMPROMETIDO CON LO QUE TE DIJO.

Hebreos 10:23 Mantengamos firme, sin fluctuar, la profesión de nuestra fe; que fiel es el que prometió;

Cuando Dios promete, Él lo cumple. Los propósitos de Dios están comprometidos con tu destino divino y no con tus caprichos o comodidad. Él tiene un plan perfecto para tu vida. Los sentimientos muchas veces nos engañan, por eso debemos afirmarnos en la palabra de Dios. No debemos seguir o ser arrastrados por la corriente del mundo, ya que la tristeza del mundo produce muerte, pero la tristeza de Dios produce arrepentimiento (2 Corintios 7:10). Confía en que Dios es fiel para cumplir todo lo que te ha prometido y comienza como señal de ello a adorarlo y darle gracias por lo que todavía no has visto, se llama FE!

75

GOD IS NEVER SUBJECT TO THE FEELINGS OF YOUR HEART, HE IS ONLY COMMITTED TO WHAT HE SAID TO YOU.

Hebrews 10:23 Let us keep firm, without fluctuating, the profession of our faith; how faithful is he who promised;

When God promises, He fulfills it. The purposes of God are committed to your divine destiny and not to your whims or comfort. He has a perfect plan for your life. Feelings often deceive us, and that is why we must affirm ourselves in the word of God. We should not follow or be dragged by the current of the world since the sorrow of the world produces death, but the sorrow of God produces repentance (2 Corinthians 7:10). Trust that God is faithful to fulfill all that he has promised and begun as a sign of it, to worship him and give thanks for what you have not yet seen ... it is called FAITH!

76

TE AMO PERO ESTE YA NO ES MI LUGAR

Ruth 1:7-9 Salió, pues, del lugar donde había estado, y con ella sus dos nueras, y comenzaron a caminar para volverse a la tierra de Judá.

Y Noemí dijo a sus dos nueras: Andad, volveos cada una a la casa de su madre: Jehová haga con vosotras misericordia, como la habéis hecho con los muertos y conmigo.

Os conceda Jehová que halléis descanso, cada una en casa de su marido; las besó luego, y ellas alzaron su voz y lloraron.

La separación de gente que han caminado con nosotros y que hemos aprendido a amar es una de las cosas más difíciles que podemos atravesar. No todo el mundo puede salir de Moab a Judá (lugar de alabanza) cuando no existe ninguna razón por la cual alabar a Dios. Cuando todo lo que has tenido en tu vida es perdida tras perdida, cuando tus sueños mueren y la soledad, la frustración y la desilusión abarcan tu vida.

La separación de personas que te aman pero que ya no ven que puedes darles más nada no es del todo malo. Existen personas que fueron llamadas solo a estar contigo ciertas temporadas de tu vida pero otras fueron llamadas a estar contigo toda la vida. Ruth tomó la decisión de continuar con Noemí en su momento más oscuro. La salida de Noemí vino a causa que había perdido todo, su marido, sus hijos y aun todo sentido de propósito en Moab. Ahora era tiempo de salir y solo Ruth estaba dispuesta a dejarlo todo, su familia, su cultura, su religión por seguir a una mujer que se había convertido en una madre para ella. Hay momentos en tu vida donde debes salir y otras donde debes seguir a gente de Dios en sus procesos a lugares de propósitos y promesas. La bendición de Ruth estaba en seguir a Noemí y terminó viendo que seguir a una mujer de Dios puede pagar grandes dividendos. A veces tu promesa se encuentra en seguir a la persona con la cual Dios te ha conectado. Conéctate a tu Noemí y síguela hasta el fin!

76

I LOVE YOU BUT THIS IS NO LONGER MY PLACE.

Ruth 1: 7-9 So she left the place where she had been, and her two daughters-in-law and they began to walk to return to the land of Judah.

And Naomi said to her two daughters-in-law, Go, return each to her mother's house: Jehovah do with your mercy, as you have done to the dead and to me.

May Jehovah grant you to find rest, each in the house of her husband; he kissed them later, and they raised their voices and cried.

The separation of people who have walked with us and whom we have learned to love is one of the most difficult things we can go through. Not everyone can leave Moab to Judah (place of praise) when there is no reason to praise God. When everything you have had in your life is lost after loss, when your dreams die and loneliness, frustration and disappointment surround your life. The separation of people who love you but who no longer see that you can give them anything more is not all bad. There are people who were called only to be with you certain seasons of your life, but others were called to be with you all your life. Ruth made the decision to continue with Naomi at her darkest moment. Naomi's departure came because she had lost everything, her husband, her children, and even all sense of purpose in Moab. Now it was time to go out and only Ruth was willing to give up everything, her family, her culture, her religion to follow a woman who had become a mother to her. There are times in your life where you should go out, and others times where you should follow God's people in their processes, to places of purpose and promise. Ruth's blessing was in following Naomi and she ended up seeing that following a woman of God can pay big dividends. Sometimes your promise is based on the person with whom God has connected you. Connect to your Naomi and follow her to the end!

77

CUANDO TU CORAZÓN DECIDE UN DESTINO TU MENTE DISEÑARÁ UN MAPA PARA ALCANZARLO.

Proverbios 23:7 Porque cuál es su pensamiento en su corazón, tal *es* él.

En tu corazón se encuentra el fundamento de todo lo que tus ojos verán. Por eso es muy importante guardar nuestro corazón porque del tal fluye la vida (Mateo 15:19). Las decisiones de tu corazón son influenciadas por lo que ves, oyes y hablas constantemente. Eventualmente una persona se convierte en aquello que constantemente piensa. Alguien dijo que la mente es el taller de Dios o el taller del diablo. Por tanto cuida lo que entra en tu corazón ya que la palabra de Dios es la única que tiene el antídoto para eliminar el veneno que llega hasta el corazón, y graba en este mismo la voluntad y los designios de Dios. La escritura es clara que donde esté tu corazón allí estará tu tesoro. Así que procura diariamente saturar tu corazón con la palabra de Dios y esa semilla producirá buenas cosas en tu vida (Mateo 12:35). Recuerda que como hijo de Dios tienes la mente de Cristo (1 Corintios 2:16). Entonces quiere decir que puedes pensar como El.

77

WHEN YOUR HEART DECIDES A DESTINY YOUR MIND WILL DESIGN A MAP TO ACHIEVE IT.

Proverbs 23: 7 For what is his thought in his heart, such as he.

In your heart lies the foundation of everything your eyes will see. That is why it is very important to keep our hearts because life flows from such (Matthew 15:19). The decisions of your heart are influenced by what you see, hear and talk constantly. Eventually, a person becomes what he constantly thinks. Someone said that the mind is the workshop of God or the workshop of the devil. Therefore take care of what enters your heart since the word of God is the only one that has the antidote to eliminate the poison that reaches the heart. And it engraves in the same heart the will and the designs of God. The scripture is clear that where your heart is there your treasure will be. So try daily to saturate your heart with the word of God and that seed will produce good things in your life (Matthew 12:35). Remember that as a child of God you have the mind of Christ, (1 Corinthians 2:16) which it means that you can think like Him.

78

SI NO TIENES UN ENEMIGO TAMPOCO TIENES UN FUTURO.

Lucas 4:1-2 Y Jesús, lleno del Espíritu Santo, volvió del Jordán, y fue llevado por el Espíritu al desierto por cuarenta días, y era tentado por el diablo. Y no comió nada en aquellos días; pasados los cuales, luego tuvo hambre.

Había un coro pentecostal cuando yo comenzaba en los caminos del Señor que decía "batalla no es batalla sino viene la prueba, sino hay la calumnia batalla no es batalla" Muchas veces en la vida, tus enemigos se convierten en el puente entre tú y el destino profético que está sobre tu vida. Vemos el ejemplo de esto en toda la escritura, **"Moisés tuvo un Faraón, Elías tuvo una Jezabel, David tuvo un Goliat y Cristo tuvo un diablo"**. Una de las lecciones que debes aprender es que se puede ser lleno del Espíritu Santo en cualquier lugar pero solo se recibe poder en el desierto. La biblia también nos enseña que oremos y velemos para que no entremos en tentación. Ahora debes entender que la tentación va a llegar a tu vida en algún momento, esta es la manera que muchas veces le probamos a Dios donde realmente se encuentra nuestro corazón. La presencia de tus enemigos en tu vida y aun la tentación, son señales en tu vida que te encaminas a un grande propósito en Dios y que satanás está tratando de detenerte. Por tanto no temas ni te intimides, (Deuteronomio 31:8) de tus adversarios ya que Dios ha prometido protegerte y defenderte en todo tiempo. Nunca olvides que tus enemigos son la evidencia que tienes un gran futuro. El que está contigo ya ganó la guerra!

78

IF YOU DO NOT HAVE AN ENEMY, YOU DO NOT HAVE A FUTURE.

Luke 4: 1-2 And Jesus, filled with the Holy Spirit, returned from the Jordan, and was led by the Spirit into the wilderness forty days, and was tempted by the devil. And he did not eat anything in those days; past which, when he was hungry.

There was a Pentecostal singing when I started serving the Lord that said "battle is not a battle if the trial doesn't come, but if there is no slander then the battle is not battle" Many times in life your enemies become the bridge between you and your prophetic destiny. We see the example of this throughout the scripture, **"Moses had a Pharaoh, Elijah had a Jezebel, David had a Goliath and Christ had a devil."** One of the lessons you must learn is that you can be filled with the Holy Spirit anywhere but you only receive power in the desert. The bible also teaches us to pray and watch so that we do not enter into temptation. Now you must understand that the temptation will come to your life at some point, this is the way we often demonstrate God where our heart really is. The presence of your enemies and even the temptations are signs in your life that you have a great purpose in God, and that the devil is trying to stop you. So do not fear or be intimidated,

(Deuteronomy 31: 8) of your adversaries since God has promised to protect and defend you at all times. Never forget that your enemies are the evidence that you have a great future. He who is with you has already won the war!

79

HAY GENTE QUE PIENSAN QUE CONOCEN LA RECETA DE TU PRUEBA.

Mateo 27:39-40 Y los que pasaban le injuriaban, meneando sus cabezas, y diciendo: Tú que derribas el templo, y en tres días lo reedificas, sálvate a ti mismo. Si eres el Hijo de Dios, desciende de la cruz.

Muchas veces encontrarás en la vida que la gente les gusta opinar sobre tu vida sin haber tenido la más mínima idea o experiencia de lo has vivido. Es muy fácil hablar, criticar, señalar y opinar sobre lo que no se ha vivido. No caigas en la trampa de tratar de probarle tu valor a nadie, Dios se encargará de eso. Enfócate en servirle a Dios aun cuando llegue la burla, la calumnia y aun la mentira en tu contra, ya que todo esto viene a desenfocarte de tu llamado y de la dirección correcta en la que te encuentras. Re-enfócate!

79

THERE ARE PEOPLE THINKING THAT THEY KNOW THE RECIPE OF YOUR TEST.

Matthew 27: 39-40 And they that passed by railed on him, wagging their heads, and saying: You who tear down the temple, and build it in three days, save yourself. If you are the Son of God, come down from the cross.

Many times you will find in life that people like to judge your life without having the slightest idea or experience of what you have lived. It is very easy to judge, criticize, point out, and comment on what has not been lived. Do not fall into the trap of trying to prove your worth to anyone, God will take care of that. Focus on serving God, even when the mockery comes, the slander, and even the lies against you, since all this comes to blur your call and the right direction in which you are. Re-focus!

80

LA MONEDA SIEMPRE TENDRÁ DOS LADOS PERO UNA SOLA CARA.

Mateo 22:20-22 Entonces les dijo: ¿De quién *es* esta imagen, y la inscripción?

Le dijeron: De César. Entonces Él les dijo: Dad, pues, a César lo que es de César, y a Dios lo que es de Dios. Y oyendo esto, se maravillaron, y dejándole, se fueron.

Los líderes religiosos en los tiempos de Jesús buscaban una ocasión para poder acusarlo y condenarlo. La razón de esta conducta era que la doctrina de Jesús no se alineaba con todo lo que ellos enseñaban y vivían. La verdad nunca podrá ser combatida y mucho menos derrotada por la mentira. La sabiduría de Jesús siempre enseñó a las personas que la salida no estaba en revelarse en contra del gobierno romano, sino en confiar en el reino que había llegado con su venida, el cual no era de este mundo (San Juan 18:36). Nuestro enfoque no debe estar en nuestros enemigos o en aquellos que buscan nuestra caída, sino en hacer la voluntad de Dios. En el momento que más lo necesites Dios ha prometido darte la sabiduría y las palabras con las que debes hablar. No temas. Si no te rindes vas a ganar!

80

THE COIN WILL ALWAYS HAVE TWO SIDES BUT ONLY ONE FACE.

Matthew 22: 20-22 Then he said to them, Whose image is this, and the inscription?

They said: De Cesar. Then He said to them, Give to Caesar what is Caesar's, and to God what is God's. And hearing this, they marveled, and leaving him, they went away.

The religious leaders in the time of Jesus were looking for an opportunity to accuse and condemn him. The reason for this behavior was that the doctrine of Jesus did not align with everything they taught and lived. The truth can never be fought and much less defeated by lies. The wisdom of Jesus always taught the people that the way out was not to reveal themselves against the Roman government but to trust in the kingdom that had come, which was not of this world (John 18:36). The focus should not be on your enemies or on those who seek your fall, but on doing the will of God. When you need it the most, God has promised to give you the wisdom and the words that you should speak. Do not worry. If you don't give up, you will win!

81

LO PRIMERO ES LO PRIMERO

Mateo 6:33-34 Mas buscad primeramente el reino de Dios y su justicia, y todas estas cosas os serán añadidas. Así que, no os afanéis por el mañana, que el mañana traerá su afán. Bástele al día su propio mal.

Buscar el reino de Dios **"primero"** es un requisito para que todo nos sea añadido. La razón de esto es que la misma escritura nos enseña que las cosas que se ven fueron hechas de las que no se veían (2 Corintios 4:18). Entonces todo lo que vamos a ver en nuestras vidas físicamente hablando, depende de lo que percibimos o vemos en el mundo que no se ve. La palabra de Dios es espíritu y es vida (Juan 6:63). Por lo tanto si nos enfocamos en tener intimidad con Dios diariamente, podemos ser alineados por su Espíritu Santo a todo lo que ya está predestinado para nosotros conforme a su plan, propósito y promesas. Haz de la oración y de palabra de Dios una prioridad en tu vida, si lo haces verás los beneficios y las recompensas de esta (Hebreos 11:6). Rehúsa vivir en miedo, preocupado o ansioso. Cuando pones a Dios primero, la misma palabra que es la presencia de Dios traerá valentía, paz, y fe a tu vida.

81

THE FIRST IS THE FIRST

Matthew 6: 33-34 But seek first the kingdom of God and his righteousness, and all these things will be added to you. So, do not worry about tomorrow, tomorrow will bring your eagerness. Kill him his own evil day.

To seek the kingdom of God **"first"** is a requirement for everything to be added to us. The reason for this is that the same scripture teaches us that the things that are seen were made of those that were not seen (2 Corinthians 4:18). So everything we are going to see in our lives physically speaking depends on what we perceive or see in the world that is not seen. The word of God is spirit and is life (John 6:63). Therefore, if we focus on having intimacy with God daily, we can be aligned by His Holy Spirit to all that is already predestined for us according to His plan, purpose, and promises. Make prayer and the word of God a priority in your life, if you do so you will see the benefits and rewards of this (Hebrews 11:

6). Refuse to live in fear, worried or anxious. When you put God first, the very word that is the presence of God will bring courage, peace, and faith to your life.

82

NO SEAS UN ÉXITO PÚBLICO PERO UN FRACASO PRIVADO.

Mateo 6:5-6 Y cuando ores, no seas como los hipócritas; porque ellos aman el orar en pie en las sinagogas y en las esquinas de las calles, para ser vistos de los hombres. De cierto os digo: *Ya* tienen su recompensa.

Mas tú, cuando ores, entra en tu alcoba, y cerrada tu puerta ora a tu Padre que está en secreto; y tu Padre que ve en lo secreto, te recompensará en público.

Antes de obtener victorias públicas deberás pasar pruebas privadas. Muchas veces nuestra vida pública es el resultado de lo que vivimos en privado. Cuando solo se busca ser admirado, reconocido y aplaudido se corre un grande peligro, ya que podrías llegar a ser un héroe para la gente, pero un fracaso para los de tu propia casa. Alguien dijo; **"como un ministro trata a su esposa es la misma manera en que tratará a la iglesia"**. Debemos tratar a la gente como nos gustaría que lo hicieran con nuestra propia familia. Procura que lo que haces para Dios no sea para que estés siendo visto por los hombres, de otra manera podrías perder tu recompensa. Todo lo que hagas en la vida que sea para agradar a Dios, honrarlo y agradecerle lo que ha hecho en tu vida y en los tuyos. **"Y tu Padre que te ve en lo secreto, te recompensará en público".**

82

DO NOT BE A PUBLIC SUCCESS BUT A PRIVATE FAILURE.

Matthew 6: 5-6 And when you pray, do not be like the hypocrites; because they love to pray to stand in the synagogues and in the corners of the streets, to be seen by men. Verily I say unto you, They have their reward.

But you, when you pray, enter into your bedroom, and when you close your door, pray to your Father who is in secret; and your Father who sees in secret will reward you in public.

Before obtaining public victories you must pass private tests. Many times our public life is the result of what we live in private. When you only want to be admired, recognized and applauded there is a great danger since you could become a hero for the people, but a failure for those of your own home. Someone said; **"How a minister treats his wife is the same way he will treat the church."** We must treat people as we would like them to do it with our own family. Try that what you do for God, is not so that you are being seen by men, otherwise, you could lose your reward. Everything you do in life should be to please God, honor him and thank him for what he has done in your life and your family. **"And your Father who sees you in secret will reward you in public."**

83

EL TAMAÑO DE TU ENEMIGO DETERMINA LA INMENSIDAD DE TU RECOMPENSA.

Apocalipsis 1:18 y el que vivo, y estuve muerto; y he aquí que vivo para siempre, amén. Y tengo las llaves de la muerte y del infierno.

Muchas veces los gigantes que tienes que enfrentar van de acuerdo al grado de promoción que Dios tiene para ti. Nuestras batallas deben estar bien centralizadas en cuál es el botín o la recompensa. Jesús luchó contra el diablo, la maldición y la muerte. Cuando Jesús venció obtuvo una grande recompensa. Por lo tanto el cuerpo de Cristo debe entender que no estamos en una guerra sino en una lucha. Ya no tenemos que conquistar sino tomar posesión de lo que Jesús ya ha conquistado! A veces vivimos tratando de quitarle al diablo un botín que ya Cristo se lo quitó (Colosenses 2:15). Recuerda que no importa el tamaño de tu enemigo, ya Cristo venció al resucitar y vencer la muerte. No estás tratando de obtener la victoria, sino que estás operando desde la victoria que Cristo nos ha entregado gratuitamente!

83

THE SIZE OF YOUR ENEMY DETERMINES THE IMMENSITY OF YOUR REWARD.

Revelation 1:18 and he who lives, and I was dead; and behold, I live forever, Amen. And I have the keys of death and hell.

Many times the giants you have to face, will be according to the degree of promotion that God has for you. Our battles must be well centralized in what is the reward. Jesus fought against the devil, the curse and death. When Jesus won he got a great reward. Therefore the body of Christ must understand that we are not in a war but in a struggle. We no longer have to conquer but take possession of what Jesus has already conquered! Sometimes we live trying to take from the devil a booty that Christ already took it off (Colossians 2:15). Remember that no matter the size of your enemy,

Christ won by the resurrection and He also conquers death. You are not trying to obtain victory, but you are operating from the victory that Christ has freely given us!

84

EXISTEN ALGUNOS QUE QUIEREN QUE LA GENTE LOS ACEPTEN COMO SON, CUANDO ELLOS NUNCA ACEPTARON COMO DIOS LOS HIZO.

Romanos 1:26-27 Por esto Dios los entregó a pasiones vergonzosas; pues aun sus mujeres cambiaron el uso natural por el que es contra naturaleza, y de igual modo también los hombres, dejando el uso natural de la mujer, se encendieron en su lascivia unos con otros, cometiendo hechos vergonzosos hombres con hombres, y recibiendo en sí mismos la retribución debida a su extravío.

La generación en la cual estamos viviendo, se parece mucho a Israel en tiempos bíblicos (Jueces 2:10). La ideología de género y muchos otros inventos diabólicos tienen a mucha humanidad confundida. La verdad es que somos una realidad biológica, y cualquiera que vive en su juicio cabal puede entenderlo. El pecado y el dios de este siglo ha cegado el entendimiento del que no cree a este evangelio de libertad eterna (2 Corintios 4:4). Solo el evangelio de Cristo puede abrir el entendimiento del ser humano para reconocer que somos lo que Dios nos hizo y no lo que nosotros pretendemos ser por lo que pensamos o sentimos. Todos somos **criaturas** de Dios, pero para aquellos que hemos aceptado y recibido a Cristo, las escrituras nos llaman **"hijos de Dios"** (Juan 1:12). Cuando tienes un aparato electrónico cualquiera sea la compañía y este artefacto mal funciona, lo primero que haces es ir al manual del creador de ese artefacto o llevarlo a centros de reparación de esa compañía. Porque? Porque ellos inventaron el producto, lo crearon y no hay nadie que pueda repararlo como ellos. El producto siempre es la evidencia de que existe un creador. Dios nos creó, por lo tanto es el único que nos conoce y puede repararnos para el propósito por el cual fuimos creados (Salmo 138:8). Pídele a Dios que te muestre quien realmente eres y cuál es el propósito de tu existencia en esta tierra, te aseguro que Él lo hará. Comenzarás a vivir tu verdadera vida y propósito de una manera muy diferente.

84

THERE ARE SOME THAT WANT PEOPLE TO ACCEPT THEM AS THEY ARE WHEN THEY NEVER ACCEPTED HOW GOD MADE THEM.

Romans 1: 26-27 For this reason God gave them up to shameful passions; for even his wives exchanged natural use for that which is against nature, and likewise also men, leaving the natural use of women, became lustful in their lust for one another, committing shameful acts men with men, and receiving in themselves the retribution due to their loss.

The generation in which we are living is very similar to Israel in biblical times (Judges 2:10). Gender ideology and many other diabolical inventions have a lot of humanity confused. The truth is that we are a biological reality, and anyone who lives in his full judgment can understand it. Sin and the god of this age have blinded the understanding of those who do not believe this gospel of eternal freedom (2 Corinthians 4: 4). Only the gospel of Christ can open the human being's understanding to recognize that we are what God has made us and not what we pretend to be by what we think or feel. We are all creatures of God, but for those of us who have accepted and received Christ, the scriptures call us "children of God" (John 1:12). When you have an electronic device, whatever the company is and it works badly, the first thing you do is go to the manual of the creator of that artifact or take it to repair centers of the company. Why? Because they invented the product, they created the product, therefore no one can repair it like them. The product is always evidence that there is a creator. God created us, therefore he is the only one who knows us and can repair us for the purpose for which we were created (Psalm 138: 8). Ask God to show you who you really are and what is the purpose of your existence on this earth, I assure you that He will do it. You will begin to live your true life and purpose in a very different way.

85

EXISTE GENTE QUE ENRIQUECEN EN DINERO PERO EMPOBRECEN EN ESPIRITU.

Proverbios 11:24 Hay quienes reparten, y les es añadido más; y hay quienes retienen más de lo que es justo, pero *vienen* a pobreza.

Si quieres cambiar lo que recibes comienza a analizar lo que das. La riqueza más grande que existe en esta vida es el poder dar de lo que se te ha dado. Sabías que existen personas ahora mismo que son millonarias pero se encuentran en un hospital con una enfermedad terminal. Lo triste es que todo su dinero no puede hacer nada por ellos. Son pobres enfermos con mucho dinero en el banco. Jesús nos enseñó a hacer tesoros en el cielo donde nada puede corromperlo o dañarlo. Procura vivir una vida con la mentalidad que diga; **"a quien puedo hoy bendecir".** Cuando vives para dar, también se te dará (Lucas 6:38). Nunca olvides que pobreza no es falta de dinero sino falta de conocimiento e identidad.

85

THERE ARE PEOPLE WHO ENRICH IN MONEY BUT EMPOBREN IN SPIRIT.

> Proverbs 11:24 There are those who distribute, and more is added to them, and there are those who retain more than what is just but come to poverty.

If you want to change what you receive, start analyzing what you give. The greatest wealth that exists in this life is the power to give of what has been given to you. There are people right now who are millionaires but they are in a hospital with a terminal illness. The sad thing is that all the money cannot do anything for them. They are poor sick people with a lot of money in the bank. Jesus taught us how to make treasures in heaven where nothing can corrupt or harm us. Try to live a life with the mentality that says; **"Whom I can bless today"**. When you live to give, it will also be given to you (Luke 6:38). Never forget that poverty is not lack of money but lack of knowledge and identity.

86

EL ÉXITO DE LA PREDICACIÓN NO ESTÁ EN IMPRESIONAR, SINO EN EL TRANSFORMAR.

Hebreos 4:12 Porque la palabra de Dios *es* viva y eficaz, y más penetrante que toda espada de dos filos, y penetra hasta partir el alma y el espíritu, y las coyunturas y los tuétanos, y discierne los pensamientos y las intenciones del corazón.

Como exponente de la palabra puedes enseñar lo que sabes, pero solo puedes transferir lo que eres. Somos seres únicos, hechos a la imagen y semejanza del Dios todo poderoso! No hay necesidad de vivir siendo una copia cuando fuiste creado siendo un original. Vivimos en tiempos finales donde la escritura describe el carácter de los hombres de los últimos tiempos (2 Timoteo 3:2-5). Lamentablemente tenemos muchas iglesias llenas de gente vacía. La razón para esto es que en la iglesia moderna se ha sustituido la oración, el ayuno y la palabra de Dios por el entretenimiento, Cuando esto ocurre la decadencia moral y espiritual es evidente y palpable. La gente continúa sin cambiar, continúan enfermos y atados a un estilo de vida contrario a lo establecido por Dios. Los hombres siempre han tratado de cambiar la palabra de Dios fracasando en ello, sin embargo la palabra de Dios siempre cambiará al hombre con éxito. Procura volver a la palabra de Dios, la oración, y el ayuno, de seguro verás la diferencia en tu vida.

86

THE SUCCESS OF PREACHING IS NOT IN IMPRESSING, BUT IN TRANSFORMING.

Hebrews 4:12 For the word of God is living and efficacious, and more piercing than any two-edged sword, and penetrates even to dividing soul and spirit, and joints and marrow, and discerns the thoughts and intentions of the heart.

As an exponent of the word you can teach what you know, but you can only transfer what you are. We are unique beings, made in the image and likeness of the almighty God! There is no need to live to be a copy when you were created as an original. We live in final times where the scripture describes the character of the men of the last times (2 Timothy 3: 2-5). Unfortunately, we have many churches full of empty people. The reason for this is that in the modern church, prayer, fasting and the word of God have been substituted for entertainment.

When this happens, moral and spiritual decadence is evident and palpable. People continue unchanged, they continue sick and bound to a lifestyle contrary to what God has established. Men have always tried to change the word of God by failing in it, however, the word of God will always change man successfully. Try to return to the word of God, prayer, and fasting, you will surely see the difference in your life.

87

LO QUE DIOS HIZO EN LA ETERNIDAD EL DIABLO NO PUEDE CAMBIARLO EN EL TIEMPO.

Efesios 2:10 Porque somos hechura suya, creados en Cristo Jesús para buenas obras, las cuales Dios preparó de antemano para que anduviésemos en ellas.

Nadie puede obstaculizar tu destino profético en esta tierra. El único que tiene la capacidad de hacer eso eres tú mismo. Dios no puso tu destino en el corazón de nadie, solo en el tuyo. Por lo tanto cargas ahora mismo con todo lo que necesitas para cumplir tu destino. La palabra **"hechura"** viene de la raíz **"la misma tela o el mismo material"** Ahora mismo te encuentras caminando posiblemente sin saberlo en los buenos caminos, las buenas cosas que Dios preparó para ti de antemano. Cumples tu destino divino al caminar y obedecer la palabra de Dios!

87

WHAT GOD DID IN ETERNITY THE DEVIL CAN NOT CHANGE IT IN TIME.

> Ephesians 2:10 For we are his workmanship, created in Christ Jesus for good works, which God prepared beforehand that we should walk in them.

No one can hinder your prophetic destiny on this earth. The only one who has the ability to do that is yourself. God did not put your destiny in anyone's heart, only in yours. Therefore, you carry right now everything you need to fulfill your destiny. The word "workmanship" comes from the root "the same cloth or the same material" Right now you are walking without knowing it, in the good works that God prepared for you beforehand. You fulfill your divine destiny by walking and obeying the word of God!

88

UN DÍA DECIDI DEJAR DE LUCHAR POR MI SALVACIÓN, Y TOMÉ LA DECISIÓN DE RECIBIRLA POR FE.

Efesios 2:8-9 Porque por gracia sois salvos por medio de la fe, y esto no de vosotros; *pues es* don de Dios; no por obras, para que nadie se gloríe.

Vivimos en un tiempo donde la mayoría de gente aun dentro de muchos círculos cristianos no conoce lo que la gracia de Dios realmente significa. Gracia significa **"regalo inmerecido"** pero en realidad es mucho más que eso. La máxima expresión de gracia y verdad es Cristo mismo (Juan 1:14). El problema de muchos es que viven luchando en vez de recibir. Es un don de Dios o sea un regalo que no puede ser comprado y mucho menos manipulado con obras o sacrificios religiosos. Rehúsa vivir confiando en lo que tú puedes hacer por Dios, en vez de confiar más en lo que Dios hizo por ti a través de Jesucristo. Nunca podrás comprar o ganarte la salvación por tus propios méritos, solo Cristo hizo eso. Confía completamente en el sacrificio de Cristo, entendiendo que es un regalo que debes recibir y no un premio que debes ganar.

88

ONE DAY I DECIDED TO STOP FIGHTING FOR MY SALVATION AND MADE THE DECISION TO RECEIVE IT BY FAITH.

Ephesians 2: 8-9 For it is by grace you have been saved through faith, and this not from yourselves; it is a gift from God; not for works, so that no one can boast.

We live in a time where most people even within many Christian circles do not know what the grace of God really means. Grace means **"undeserved gift"** but in reality, it is much more than that. The highest expression of grace and truth is Christ himself (John 1:14). The problem of many is that they live fighting, instead of receiving. It is a gift from God and a gift that cannot be bought and much less manipulated with works or religious sacrifices. Refuse to live trusting in what you can do for God instead of trusting more in what God did for you through Jesus Christ. You can never buy or earn salvation on your own merits, only Christ did that. Trust completely in the sacrifice of Christ, understanding that it is a gift that you should receive and not a prize that you should win.

89

NO LES DES A TUS ENEMIGOS EL PODER.

Mateo 5:44-45 Pero yo os digo: Amad a vuestros enemigos, bendecid a los que os maldicen, haced bien a los que os aborrecen, y orad por los que os ultrajan y os persiguen; para que seáis hijos de vuestro Padre que está en el cielo; porque él hace que su sol salga sobre malos y buenos; y envía lluvia sobre justos e injustos.

Mientras vivas pendiente y enfocado en lo que hacen tus enemigos, se continuará afectando tu vida espiritual. El consejo divino es claro **"ama a tus enemigos"**. De la única manera que se puede hacer esto es con el amor de Dios. En una ocasión mi esposa nos contó una experiencia que tuvo con el Señor. Y en esta experiencia ella le pedía a Dios en oración que la ayudara a perdonar a cierta persona con la cual había sucedido una situación. El Señor le habló y le dijo; estas orando mal, a lo cual ella le preguntó que no entendía. Le dijo Dios; **"debes pedirme que te llene**

de mi amor, ya que si estás llena de mi amor entonces podrás perdonar". Esto transformó a mi esposa y a todos en nuestra congregación. La clave es ser llenos del amor de Dios! Si esto sucede entonces amaremos a nuestros enemigos, los bendeciremos, les haremos bien y oraremos por ellos. Nunca olvides que el perdón no es una emoción que se siente sino una decisión que se toma! Toma la decisión de perdonar.

89

DO NOT GIVE YOUR ENEMIES POWER.

Matthew 5: 44-45 But I say to you: Love your enemies, bless those who curse you, do good to those who hate you, and pray for those who spitefully use you and persecute you; that you may be children of your Father who is in heaven; because He makes his sun rise on bad and good; Y send rain on the just and unjust.

As long as you live watching and focused on what your enemies do, you will continue to affect your spiritual life. The divine counsel is clear **"love your enemies"**. The only way you can do this is with the love of God. On one occasion my wife told us about an experience she had with the Lord. And in this experience, she asked God in prayer to help her forgive a certain person with whom a situation had happened. The Lord spoke to her and told her; you are praying the wrong way, to which she asked could not understand. Then God told her; "You must ask me to fill you with my love, because if you are full of my love then you can forgive". This transformed my wife and everyone in our congregation. The key is to be filled with the love of God! If this happens then we will love our enemies, we will bless them, we will do them good and we will pray for them. Never forget that forgiveness is not an emotion that is felt but a decision that is made!

90

NO PUEDES RECIBIR LO QUE NO ESTÁS DISPUESTO A DAR.

Gálatas 6:7 No os engañéis; Dios no *puede* ser burlado; pues todo lo que el hombre sembrare, eso también segará.

Este principio fundamental lo encontramos en Génesis 8:22 "Mientras la tierra permanezca, no cesaran la sementera y la siega, el frio y el calor, el verano y el invierno, el día y la noche". Luego lo volvemos a ver en el Nuevo Testamento en Gálatas 6:7 "No os engañéis; Dios no puede ser burlado: pues **TODO** lo que el hombre sembrare, eso también segará". La escritura es clara y nos revela que es mucho mejor dar que recibir. Entonces la calidad de tu semilla determinará la inmensidad de tu cosecha. En otras palabras "Mi prosperidad no depende de lo que tú me das, depende de lo que yo doy. Si llega un momento en tu vida que no te gusta lo que estás cosechando entonces cambia lo que estas sembrando. Un cambio de semilla de seguro será un cambio de cosecha. Está en tus manos!

90

YOU CAN NOT RECEIVE WHAT YOU ARE NOT WILLING TO GIVE.

Galatians 6: 7 Be not deceived; God is not mocked; for whatever a man sows, that will also reap.

This fundamental principle is found in Genesis 8:22 "As long as the earth remains, the sowing and harvesting, the cold and the heat, the summer and the winter, the day and the night will not cease." Then we see it again in the New Testament in Galatians 6: 7 "Do not be deceived; God cannot be mocked: for **ALL** that man sows that will also reap." The scripture is clear and reveals that it is much better to give than to receive. This is saying that the quality of your seed will determine the immensity of your harvest. In other words, "My prosperity does not depend on what you give me, it depends on what I give. So if you don't like what you're harvesting then change what you're sowing. The change of seed will always bring a change of a harvest. It's in your hands!

91

CUANDO EL DIABLO TE ACUSA Y LO ACEPTAS, ENTONCES TE CONTROLA.

Marcos 15:4-5 Y Pilato le preguntó otra vez, diciendo: ¿No respondes nada? Mira de cuántas cosas te acusan. Pero Jesús ni aun con eso respondió nada; de modo que Pilato se maravillaba.

Jesús venció totalmente, completamente y enteramente a satanás al morir en la cruz y resucitar al tercer día. El enemigo solo puede trabajar con lo que tú le das, me explico; la potestad del reino nos fue entregada como iglesia (Lucas 10:19) por encima de serpientes, escorpiones los cuales significan principados, potestades y aun del mismo enemigo declara la escritura. Entonces la pregunta es la siguiente; porque las tinieblas tienen muchas veces ventaja sobre muchos cristianos? Numero uno; Por falta de conocimiento (Oseas 4:6). Segundo; por falta de renovación de la mente (Romanos 12:2) y tercero cuando creemos sus mentiras (Juan 8:44). Es esta ultima la más peligrosa ya que al creer una mentira se convierte en tu verdad. Un ejemplo de esto es creer que Dios no te ama y que está enojado contigo por algo que hayas hecho. Cuando crees una mentira satánica como esa, él enemigo toma ventaja haciéndote vivir bajo condenación, preocupación y miedo. A Dios no se le tiene miedo. Como Padre se le tiene amor, respeto y reverencia. También debemos tener agradecimiento. No permitas que la mentira te controle, ve a la palabra de Dios y escudriña lo que Dios dice de ti. Él es tu Padre y siempre el perdón estará disponible para tu vida. Dios no está enojado contigo, tampoco te está castigando, mucho menos te quiere matar, si lo hubiera querido hacer no piensas que lo hubiera hecho en el último avión en que viajaste? Dios no es el autor de la muerte. Él es el autor de la vida y vida en abundancia! (Juan 10:10).

91

WHEN THE DEVIL ACCUSES YOU AND YOU ACCEPT IT, THEN HE CONTROLS YOU.

Mark 15: 4-5 And Pilate asked him again, saying, Do you answer nothing? Look at how many things they accuse you. But Jesus did not even answer with anything; so Pilate marveled.

Jesus completely, entirely and completely defeated Satan by dying on the cross and rising again on the third day. The enemy can only work with what you give him, I explain; the power of the kingdom was given to us as a church (Luke 10:19) over serpents, scorpions which mean principalities, powers and even of the same enemy declares the scripture. So why does darkness often have an advantage over many Christians? Number one; For lack of knowledge (Hosea 4: 6). Second; for lack of renewal of the mind (Romans 12: 2) and third when we believe his lies (John 8:44). This is the most dangerous because believing a lie becomes your truth. An example of this is believing that God does not love you and that he is angry with you for something you have done. When you believe a satanic lie like this one, he takes advantage of making you live under condemnation, worry, and fear. We should not be afraid of God, as Father we have to love, respect and reverence him. We should also have gratitude. Do not let the lies control you, go to the word of God and search what God says about you. He is your Father and forgiveness will always be available for your life. God is not angry with you, nor is he punishing you, much less does he wants to kill you, if he wanted to do it, don't you think he would have done it on the last place you traveled? God is not the author of death. He is the author of life and life in abundance! (John 10:10)

92

NO TRATES DE GANAR LO QUE SE TE DIÓ GRATUITAMENTE.

Romanos 11:6 Y si por gracia, ya no *es* por obras, de otra manera la gracia ya no es gracia. Y si por obras, ya no es gracia; de otra manera la obra ya no es obra.

La ley exigía que tenías que hacer una serie de rituales y estatutos para poder obtener algo de parte de Dios. En el nuevo pacto es muy diferente ya que Cristo fue nuestro substituto el cual recibió la promesa del Padre. En otras palabras en Cristo ya lo hemos recibimos todo sin haber hecho absolutamente nada! Medita en lo siguiente; cuando naciste y creciste te convertiste en pecador conforme a la escritura sin haber hecho nada (Romanos 3:23). De la misma manera que nunca pecaste para haber sido constituido pecador, así mismo Cristo lo hizo todo y nos ha constituido justos sin haber hecho nada (Romanos 5:19). Todo es gratuito en Cristo. Tómalo por fe!

92

DO NOT TRY TO WIN WHAT YOU WERE GIVEN FOR FREE.

> Romans 11: 6 And if by grace, it is no longer works, otherwise grace is no longer grace. And if by works, it is no longer grace; otherwise the work is no longer work.

The law demanded that you had to do a series of rituals and statutes in order to get something from God. In the new covenant, it is very different since Christ was our substitute who received the promise of the Father. In other words in Christ, we have already received everything without having done absolutely nothing! Meditate on the following; When you were born and grew up, you became a sinner according to the scripture without having done anything (Romans 3:23). In the same way that you never sinned to have been made a sinner, so Christ did everything and made us righteous without doing anything (Romans 5:19). Everything is free in Christ. Take it by faith!

93

FE NO ES NEGAR EL PROBLEMA, ES NEGAR SUS DERECHOS.

Marcos 2:10-12 Pues para que sepáis que el Hijo del Hombre tiene potestad en la tierra de perdonar pecados (dijo al paralítico): A ti te digo: Levántate, toma tu lecho y vete a tu casa. Y al instante él se levantó, y tomando su lecho, salió delante de todos; de manera que todos estaban asombrados, y glorificaban a Dios, diciendo: ¡Nunca tal hemos visto!

Existe una gran diferencia entre la realidad de algo y la verdad de algo. La realidad tiene que ver con lo que ves, sientes, palpas etc. La verdad tiene que ver con lo que ha sido establecido por Dios. La biblia nos enseña claramente a NO vivir conforme a lo que **vemos o sentimos** ya que muchas veces esto es una realidad, pero está muy lejos de la verdad. Un ejemplo de esto es cuando la biblia nos ordena a decir; **"Diga el débil, fuerte soy"** Si meditas bien en este verso, te está enseñando a hablar, declarar y confesar que eres fuerte en Cristo. Por lo tanto en este verso no se está hablando lo que se siente, sino en la verdad que se sabe. Debes hablar que eres fuerte en Cristo; soy más que vencedor, todo lo puedo en Cristo que me fortalece, estoy sano, libre, prospero, etc. Cuando comiences a repetir lo que Dios dijo y creerlo, entonces verás la gloria de Dios manifestada en tu vida. Ponte de acuerdo con Dios conforme a las promesas que encuentres en su palabra y aférrate a ellas te aseguro que tus ojos verán lo que has creído en tu corazón.

93

FAITH DOES NOT DENY THE PROBLEM, IT DENY ITS RIGHTS.

Mark 2: 10-12 So that you may know that the Son of Man has power in the land to forgive sins (he said to the paralytic): To you, I say: Get up, take your bed and go to your house. And immediately he arose, and taking his bed, he went out before all; so that all were amazed, and glorified God, saying: We have never seen such!

There is a great difference between the reality of something and the truth of something. Reality has to do with what you see, feel touch, etc. The truth has to do with what has been established by God. The Bible clearly teaches us not to live according to what we **see or feel** since many times this is a reality, but it is very far from the truth. An example of this is when the Bible commands us to say; "Say the weak, strong I am" If you meditate well in this verse, it is teaching you to speak, declare and confess that you are strong in Christ.

Therefore, in this verse you are **not talking** about what you feel, but about the truth that you know. You must speak that you are strong in Christ; I am more than a conqueror, I can do all things in Christ who strengthens me, I am healthy, free, prosperous, etc. When you begin to repeat what God said and believe it, then you will see the glory of God manifested in your life. Agree with God according to the promises you find in his word and hold on to them. I assure you that your eyes will see what you have believed in your heart.

94

SABES REALMENTE QUE HAS MADURADO CUANDO PUEDES ORAR POR TUS ENEMIGOS.

Job 42:10 Y quitó Jehová la aflicción de Job, cuando el hubo orado por sus amigos; y aumentó al doble todas las cosas que habían sido de Job.

Orar por tus enemigos será una de las cosas más difíciles que tendrás que hacer en tu vida. Especialmente cuando has sido herido, maltratado y traicionado. Es una gran señal de madurez. Solo gente madura en Cristo pueden hacer lo que El hizo (Lucas 23:34) (Juan 14:12). **El aumento** llega a aquellos que han aprendido a vencer el mal con el bien (Romanos 12:21) y aquellos que han aprendido a perdonar y a dar por gracia, lo que por gracia han recibido. Es muy fácil orar por aquellos que amas, pero el llamado de Dios es a orar por aquellos que de alguna manera nos han causado grandes heridas. Quiero animarte a hacerlo, sé que al principio será incomodo e incluso te sentirás como un hipócrita pensando que estás haciendo algo que realmente no sientes. Pero de eso mismo se trata! En hacer lo que es correcto NO lo que sientes! A medida que comiences a hacerlo comenzarás a ver la diferencia en tu vida espiritual. Si es preferible menciona el nombre de la persona que te hirió en voz alta en oración. Y ora de la misma manera que Jesús nos enseñó... Padre perdónalos porque no saben lo que hacen.

94

YOU REALLY KNOW THAT YOU HAVE MATURED WHEN YOU CAN PRAY FOR YOUR ENEMIES.

Job 42:10 And Jehovah took away the affliction of Job, when he had prayed for his friends; and doubled all the things that had been Jobs.

Praying for your enemies will be one of the most difficult things you will have to do in your life. Especially when you have been hurt, mistreated and betrayed. It is a great sign of maturity. Only mature people in Christ can do what He did (Luke 23:34) (John 14:12). The increase comes to those who have learned to overcome evil with good (Romans 12:21). To those who have learned to forgive and to give by grace what they have received by grace. It is very easy to pray for those you love, but God's call is to pray for those who in some way have caused us great wounds. I want to encourage you to do it, I know that at the beginning it will be uncomfortable and you will even feel like a hypocrite thinking that you are doing something that you really do not feel. But that's what it is about! In doing what is right, NOT what you feel. As you begin to do so, you will begin to see the difference in your spiritual life. If it is preferable, mention the name of the person who wounded you aloud in prayer. And pray in the same way that Jesus taught us ... Father forgive them because they do not know what they are doing.

95

LO MUCHO SIEMPRE ESTARÁ CONECTADO CON LA FIDELIDAD EN LO POCO

> Lucas 16:10 El que es fiel en lo muy poco, también en lo más es fiel; y el que en lo muy poco es injusto, también en lo más es injusto.

Lo que la escritura nos está diciendo aquí es lo siguiente; si eres diligente con las cosas pequeñas también lo serás en las cosas grandes. Si diezmas de un dólar fielmente, también serás fiel con un millón de dólares. Si eres infiel en lo muy poco también lo serás en lo mucho. Es la razón por la cual muchos no prosperan ya que Dios no va a confiar a un infiel las riquezas de su reino. Muchos dicen; a mi Dios no me da dinero para que no me dañe. Pero la verdad es que el dinero no daña nadie. El dinero solo revela lo dañado que estabas. El dinero solo revela lo que estaba en tu corazón. Procura ser fiel a Dios en todo y de cierto participarás de lo mucho que Dios tiene reservado para ti.

95

HAVING MUCH ALWAYS WILL BE CONNECTED WITH LOYALTY IN THE LITTLE THINGS.

Luke 16:10 He who is faithful in a very little, is faithful also in the most; and the one who in the least is unjust, also the most unjust.

What the scripture is telling us here is the following; if you are diligent with small things you will also be diligent in big things. If you tithe from a dollar faithfully, you will also be faithful with a million dollars. If you are unfaithful in the very little, you will also be unfaithful in all things. It is the reason why many do not prosper since God is not going to entrust to an infidel the riches of his kingdom. Many say; God does not give me money so that it does not harm me. But the truth is that money does not harm anyone. The money only reveals how damaged you were. Money only reveals what was in your heart. Try to be faithful to God in everything and you will certainly participate in how much God has reserved for you.

96

UN EJERCICIO QUE NO CAUSA DOLOR EN NADA ESTÁ AYUDANDO.

2 Timoteo 2:5 Y aun también el que lucha como atleta, no es coronado si no lucha legítimamente.

La palabra legítimo significa **"conforme a las leyes y a la justicia, justo, genuino verdadero.** La recompensa es solo para aquellos que legítimamente agradan a Dios y le sirven con todo. No estoy hablando de nunca fallar, pienso que a estas alturas de tu vida te habrás dado cuenta que todos fallamos. Miremos el ejemplo de hoy en día donde se ofrecen tantos productos para adelgazar. La verdad es que muchas de estas ofertas carecen de verdad. Si la persona no hace un cambio en su dieta y comienza a hacer ejercicios, NO importa las pastillas que ingiera seguirá igual. Para ver algo diferente, debes hacer algo diferente. Es el dolor en el gimnasio la señal que ese ejercicio está teniendo efecto.

El dolor siempre será el preámbulo del cambio. Las personas que han tratado a través de los años a falsificar pruebas de dopaje en competencias de deportes han sido destituidos y otros suspendidos, ya que trataron de hacerlo ilegítimamente. Auto analízate y busca en tu interior el porqué de lo que haces para Dios. Que lo que hagas en tu corazón sea puro, limpio, y genuino.

96

AN EXERCISE THAT DOES NOT CAUSE PAIN IN ANYTHING IS HELPING.

2 Timothy 2: 5 And even he who fights as an athlete is not crowned if he does not fight legitimately.

The word legitimacy means "according to laws and justice, just, genuine true. The reward is only for those who legitimately please God and serve him with everything. I am not talking about never failing, I think that at this point in your life you will have realized that we all fail. Let's look at the example of today where so many products to lose weight are offered. The truth is that many of these offer a lack of truth. If the person does not make a change in their diet and begins to exercise, it does not matter what pills they ingest, they will remain the same. **To see** something different, **you must do** something different. It's the pain in the gym that signals that exercise is having an effect. The pain will always be the preamble of change. People who have tried over the years to falsify doping tests in sports competitions have been dismissed and others suspended as they tried to do so illegitimately. Self-analyze yourself and look inside yourself for what you do for God. Make sure that whatever you do in your heart is pure, clean, and genuine.

97

NO ERES ATRAPADO POR LO QUE PIENSAS, ERES ATRAPADO POR LO QUE CONFIESAS.

Proverbios 6:2 Te has enlazado con las palabras de tu boca, y has quedado preso en los dichos de tus labios.

Mucha gente todavía no ha hecho la conexión entre **lo que dicen** y en **lo que tienen** en sus vidas. Ni siquiera tienen idea que las dos están conectadas. Nuestra boca expresa lo que pensamos, sentimos y queremos. La gente vive la vida en gran parte de acuerdo a sus sentimientos, los cuales son el enemigo número uno de los creyentes. Te tengo buenas noticias; los sentimientos se pueden someter a la dirección del Espíritu pero esto implica un proceso que demanda tiempo y diligencia **(notas tomadas de mi libro El Secreto de la Confesión)**. Cuando comienzas a creer y hablar palabras que armonizan con lo que Dios ha dicho, entonces desatas tanta fuerza en el mundo espiritual que todo el universo tiene que alinearse a lo que estás creyendo. Valoriza el poder de tus palabras!

97

YOU ARE NOT TRAPPED BY WHAT YOU THINK, YOU ARE TRAPPED BY WHAT YOU CONFESS.

Proverbs 6: 2 You have bound yourself with the words of your mouth, and you have been caught in the words of your lips.

Many people still have not made the connection between what **they say** and **what they have** in their lives. They do not even have an idea that the two are connected. Our mouth expresses what we think, feel and want. People live their life largely according to their feelings, which are the number one enemy of the believer. I have good news for you; the feelings can be submitted to the direction of the Spirit, but this implies a process that demands time and diligence **(notes taken from my book The Secret of Confession)**. When you begin to believe and speak words that harmonize with what God has said, then you unleash so much power in the spiritual world that the entire universe has to align with what you are believing. Value the power of your words!

98

DIOS ESTÁ EN LA BOCA DE MUCHOS PERO EN EL CORAZÓN DE POCOS.

Mateo 15:8-9 Este pueblo se acerca a mí con su boca, y de labios me honra, pero su corazón lejos está de mí. Pero en vano me honran; enseñando *como* doctrinas mandamientos de hombres.

En nuestra isla de Puerto Rico (la isla del cordero) existe un refrán que dice; **"con la boca es un mamey"** **"del dicho al hecho hay un largo trecho"** lo cual significa que es fácil decirlo pero difícil hacerlo. Jesús dijo en Mateo 7:21 No todo el que **dice** Señor, Señor, entrará en el reino de los cielos, sino el que **hace** la voluntad de mi Padre que está en los cielos. La honra es un tema que ha estado ausente de nuestros pulpitos por muchas décadas. Muchas veces nuestros hechos hablan más que nuestras palabras. Dios está más interesado en lo que haces que en lo que dices. Debes honrar a Dios con tu estilo de vida fuera de la iglesia, en la manera que tratas a los demás, la manera en que te compadeces de otros, incluso en amar a tus enemigos. Guardar y obedecer la palabra de Dios es el nivel más alto de honra que existe! Procura predicar más con tu ejemplo que con tus palabras, verás que es mucho más efectivo.

98

GOD IS IN THE MOUTH OF MANY BUT IN THE HEART OF A FEW.

Matthew 15: 8-9 This people approach me with their mouth and honors me with their lips, but their heart is far from me. But in vain do they honor me; teaching as doctrines the commandments of men.

On our island of Puerto Rico (the island of the lamb) there is a saying that says; "With the mouth is easy" "from the saying to the fact there is a long stretch" which means that it is easy to say it but difficult to do so. Jesus said in Matthew 7:21 Not everyone **who says** Lord, Lord, will enter the kingdom of heaven, but he **who does** the will of my Father who is in heaven. Honor is an issue that has been absent from our pulpits for many decades. Many times our facts speak more than our words. God is more interested in what **you do** than what **you say**. You must honor God with your lifestyle outside the church, in the way you treat others, the way you feel sorry for others, even in loving your enemies. To keep and obey the word of God is the highest level of honor that exists! Try to preach more with your example than with your words, you will see that it is much more effective.

99

TU PASADO DEBE SER UN LUGAR DE REFERENCIA Y NO DE RESIDENCIA.

2 Corintios 5:17 De modo que si alguno *está* en Cristo, nueva criatura *es*; las cosas viejas pasaron; he aquí todas son hechas nuevas.

Tu pasado debe ser un lugar donde solo vuelvas a visitarlo para advertir a otros, pero nunca para volver a quedarte allí. **Dios siempre entierra tu pasado NO tu propósito.** En otras palabras no permitas que tu pasado te amarre a un lugar que la voluntad de Dios ya te ha desatado. Posiblemente cometiste un error pero nunca serás el error que cometiste, procura que nunca se te olvide eso. El haber aceptado a Cristo ha cambiado el curso de tu vida, ya que **el pecado nunca tendrá más poder que el perdón.** Tu pasado nunca tendrá más poder que el destino divino que Dios ha preparado para ti. Tus **peores temporadas** solo te prepararon para tus **mejores momentos**. Todo lo que has sobrevivido se convertirá en la herramienta que Dios usará para sacar a otros de donde te encontrabas atrapado en el pasado. Recuerda: Todo en tu vida, TODO ha sido hecho nuevo! Vive esa nueva vida!

99

YOUR PAST MUST BE A PLACE FOR REFERENCE AND NOT A PLACE OF RESIDENCE.

2 Corinthians 5:17 So if anyone is in Christ, he is a new creation; old things happened; behold, all are made new.

Your history should be a place you just visit to warn others, but never to stay there again. God always buries your past NOT your purpose. In other words, do not allow your past to bind you to a place that the will of God has already deliver you from. Possibly you made a mistake but you will never be the mistake you made, try never to forget that! Having accepted Christ has changed the course of your life since **sin will never have more power than forgiveness**. Your past will never have more power than the divine destiny that God has prepared for you. Your worst seasons only prepared you for your best moments. Everything you have survived will become the tool that God will use to get others out of where you were stuck in the past. Remember: Everything in your life, EVERYTHING has been made new!

Live that new life!

100

SI NO ESTÁN CRITICANDO TU SUEÑO ES PORQUE NO ES LO SUFICIENTEMENTE GRANDE.

Génesis 37:19-20 Y dijeron el uno al otro: He aquí viene el soñador;

Venid, pues, ahora; matémosle y echémosle en un pozo, y diremos: Alguna mala bestia le devoró; y veremos qué será de sus sueños.

Mientras más grande el sueño, más grande será la oposición, la envidia y la persecución. En el nuevo testamento Jesús lo dijo de esta manera en Marcos 10:30 cuando hablaba de la recompensa en dejarlo todo por El. Jesús estableció que recibiríamos cien veces más ahora en este tiempo con persecuciones y en el siglo venidero la vida eterna. La persecución es la clara evidencia que has sido llamado por Dios para algo muy grande en esta tierra. Cada semilla (sueño) en tu vida está destinado a brotar y a dar fruto. No olvidemos que José fue vendido a Egipto pero ya cargaba no solamente con el sueño, sino con la interpretación del mismo. El manto nunca tuvo la unción o el favor sino el que lo cargaba! Lo que cargas es preciado, único y eterno. **La soledad es el horno de la transformación.** Por lo tanto no es lo que te puede ser quitado por fuera, sino lo que Dios protege que cargas por dentro. Los cambios pueden efectuarse externamente y pueden inclusive llegar a revertirse, pero quien entra en el proceso de la metamorfosis jamás regresará a ser lo que fue en su anterior estado. No importa la oposición, la envidia y la persecución...Tu sueño se cumplirá!

100

IF THEY ARE NOT CRITICIZING YOUR DREAM IS BECAUSE IS NOT BIG ENOUGH.

Genesis 37: 19-20 And they said one to another, Behold, the dreamer is coming;

Come, then, now; let us kill him and throw him into a well, and we will say: Some evil beast devoured him, and we will see what will be of his dreams.

The bigger the dream, the greater the opposition, the envy, and the persecution. In the New Testament Jesus said it this way in Mark 10:30 when he spoke about the reward in leaving everything for Him. Jesus established that we would receive a hundred times more now in this time with persecutions, and in the age to come eternal life. The persecution is the clear evidence that you have been called by God for something very great on this earth. Each seed (dream) in your life is destined to sprout and bear fruit. Do not forget that Joseph was sold to Egypt but he already carried not only the dream but the interpretation of it. The cloak never had the anointing or the favor, but the one that carried it! What you carry is precious, unique and eternal. **Loneliness is the furnace of transformation**. Therefore, it is not what can be taken away from you, but what God protects you from within. Changes can be made externally and can even be reversed, but whoever enters the process of metamorphosis will never return to what it was in his previous state. No matter the opposition, envy, and persecution. Your dream will manifest!

Bishop: Wilfredo Santos Jr

Wilfredo Santos, pastor, maestro, autor, y fundador junto con su esposa la primera dama Shirley Santos del Ministerio Internacional Centro De Fe Destinados Para Grandeza. Porta una unción notable para tocar de manera profunda los corazones. Es un hombre con el llamado y la pasión para enseñar, capacitar, entrenar, y enviar hombres y mujeres con un manto apostólico de restauración a las naciones. Es un hombre llamado por Dios para establecer el reino de Dios a nivel local, nacional e internacional. La formación de líderes y las manifestaciones visibles del poder sobrenatural de Dios distinguen este ministerio el cual da cobertura espiritual a una creciente red de iglesias que se extienden a través de Estados Unidos y Centro América. En su ministerio se ha destacado como maestro, orador, evangelista y conferencista de líderes y pastores. También Dios le ha dado el privilegio de ser uno de los anfitriones en TBN Salsa Network. El propósito de su ministerio es establecer un legado de hombres y mujeres con la intensidad del fuego del Espíritu Santo y una poderosa palabra de fe para tomar posesión de familias, ciudades y naciones.

Shirley Santos, pastora, maestra, autora, evangelista internacional, figura de inspiración, mujer de Dios. Conocida por su profunda y dinámica enseñanza bíblica, es la visionaria y fundadora de la Conferencia anual de mujeres Destinadas para Grandeza. Su visión trasciende barreras socioeconómicas y denominaciones. Su poderoso mensaje de esperanza resuena entre la gente de todos los niveles de vida. También Dios le ha dado el privilegio de estar en TBN Salsa Praise como invitada especial.

Con una palabra cortante de fe, esta madre, humanitaria, amada mentora y figura de inspiración es también la fundadora de Centro de Fe Destinados para Grandeza en Fort Worth Texas, una iglesia no tradicional, con una misión multicultural. La Pastora Shirley Santos es una exhortadora y motivadora. El núcleo de su mensaje es "Llevar verdades espirituales que transforman vidas"

Libros escritos por
Wilfredo Santos

Para invitaciones u ordenar copias adicionales de este libro, contactar

Wilfredo Santos

817 614-4668

ws@dfgfaithcenter.com

www.dfgfaithcenter.com

www.Palibrio.com

Para invitaciones u ordenar copias adicionales de este libro, contactar

Wilfredo Santos

817 614-4668

ws@dfgfaithcenter.com

www.dfgfaithcenter.com

www.Palibrio.com

Libros escritos por Shirley Santos

Para invitaciones u ordenar copias adicionales de este libro, contactar

Shirley Santos

817 614-2406

shirleydendrinos@live.com

www.dfgfaithcenter.com

www.dfgfaithcenter.com

www.Palibrio.com

www.ingramcontent.com/pod-product-compliance
Lightning Source LLC
Chambersburg PA
CBHW030419290526
45786CB00001B/52